公路工程施工标准化指南系列

Gaosu Gonglu Shigong Biaozhunhua Jishu Zhinan
高速公路施工标准化技术指南

Disi Fence Qiaoliang Gongcheng
第四分册 桥梁工程

交通运输部公路局

内 容 提 要

本书为《高速公路施工标准化技术指南》桥梁工程分册,系在现行高速公路桥梁工程设计、施工、验收等相关标准、规范的基础上,总结吸纳全国各地的实践经验和成果编制而成,图文并茂地对桥梁工程施工工序、技术、工艺和规范化管理的具体要求进行了说明,体现了现代工程管理的理念。本书对于提高建设管理水平,规范桥梁工程施工,消除安全隐患,保证桥梁工程质量具有很好的指导作用。

本书适用于新建、改(扩)建高速公路项目的桥梁工程施工管理,也可供高速公路、一级公路的大中修工程及其他等级公路的管理与技术人员参考使用。

图书在版编目(CIP)数据

高速公路施工标准化技术指南. 第4分册,桥梁工程 / 交通运输部公路局组织编写. — 北京:人民交通出版社,2012.11

ISBN 978-7-114-10149-6

Ⅰ. ①高… Ⅱ. ①交… Ⅲ. ①高速公路-道路施工-标准化管理-中国-指南②高速公路-公路桥-桥梁施工-标准化管理-中国-指南 Ⅳ. ①U415.1-62②U448.145-62

中国版本图书馆 CIP 数据核字(2012)第 247653 号

公路工程施工标准化指南系列

书　　名:	高速公路施工标准化技术指南　第四分册　桥梁工程
著 作 者:	交通运输部公路局
责任编辑:	孙玺　王文华
出版发行:	人民交通出版社
地　　址:	(100011)北京市朝阳区安定门外外馆斜街3号
网　　址:	http://www.ccpress.com.cn
销售电话:	(010)59757973
总 经 销:	人民交通出版社发行部
经　　销:	各地新华书店
印　　刷:	中国电影出版社印刷厂
开　　本:	880×1230　1/16
印　　张:	8.75
字　　数:	188 千
版　　次:	2012年11月 第1版
印　　次:	2023年5月　第13次印刷
书　　号:	ISBN 978-7-114-10149-6
定　　价:	42.00元

(有印刷、装订质量问题的图书由本社负责调换)

《高速公路施工标准化技术指南》
编审委员会

主 任 委 员：冯正霖

副主任委员：李 华　陈胜营　陈培健

委　　　员：黄祥谈　贾绍明　冯明怀　何　平　周荣峰
　　　　　　张竹彬　徐成光　艾四芽　黄成造　薛生高
　　　　　　陈　飚　李志强　缪玉玲　张　军

本册编写人员

主　　　编：何　平
副 主 编：赵　俍
参编人员：刘世同　刘朝晖　赵　阳　岳红宇　张晓宇
　　　　　丁玉春　刘　发　陈　铭　朱　辰　田培霞
　　　　　殷良君　艾四芽　陈荣刚　王恒斌

序

在科学发展观指导下,各地交通运输部门积极探索转变公路建设发展方式的有效途径。部在总结各地经验的基础上,适时提出了推行现代工程管理的总体要求,明确了"发展理念人本化、项目管理专业化、工程施工标准化、管理手段信息化、日常管理精细化"的工作思路,并在全国范围内组织开展了高速公路施工标准化活动。

活动开展两年来,各地围绕施工标准化要求,从当地实际出发,细化施工过程控制,注重成熟工艺和先进技术的推广应用,着力解决质量通病问题,在实体工程质量、安全管理水平、文明施工面貌、职工队伍素质、社会经济效益等方面都取得了良好效果。

为全面总结推广各地施工标准化的成功经验,部公路局组织福建、广东、陕西、江苏等省共同编写了《高速公路施工标准化技术指南》一书。这套系列丛书由工地建设、路基工程、路面工程、桥梁工程、隧道工程五个分册组成,并附有施工组织设计、配合比设计、检测指标等参考附录,涵盖了高速公路建设的主要领域,兼顾了指标先进性和全国普遍性的要求,内容丰富,图文并茂,体现了当前高速公路施工标准化的新水平,是高速公路施工标准化活动阶段性成果的总结与凝练,对于深入推进标准化活动具有重要的指导作用。

当前,我国公路建设正处于快速发展的关键时期,坚持不懈地推动公路建设又好又快发展,不断满足经济发展、社会进步和人民群众日益增长的出行需求,是今后相当长时期内公路建设的主要任务。为此,必须以科学发展为主题,以加快转变发展方式为主线,以结构调整为主攻方向,大力推行现代工程管理,注重资源节约和保护环境,努力实现安全发展、高效发展、绿色发展、可持续发展。

公路建设要实现新的突破和转变,就要推广先进的理念和成熟的工艺,实行科学的管理和标准化的作业。希望广大公路建设者在认真贯彻《指南》要求的同时,不断总结实践经验,因地制宜,开拓创新,将公路施工标准化活动推向深入,在提高质量、确保安全、节能环保、降低成本等方面创造更多经验,为推进我国高速公路事业又好又快发展作出新的贡献。

2012 年 11 月 19 日

前 言

为加快推行现代工程管理,促进公路建设"发展理念人本化、项目管理专业化、工程施工标准化、管理手段信息化、日常管理精细化",提升工程质量、安全管理水平,树立行业文明施工形象,交通运输部决定自2011年起,在全国开展高速公路施工标准化活动,并组织编写《高速公路施工标准化技术指南》(以下简称《指南》)。《指南》共五个分册(工地建设、路基工程、路面工程、桥梁工程、隧道工程),是在现行公路工程标准、规范的基础上,针对工程质量通病和管理薄弱环节,充分吸纳了各地施工标准化的经验和成果,总结了近年来工程建设行之有效的成熟工艺、先进装备和制度措施,体现了现代工程管理的具体要求。

本书为《指南》第四分册桥梁工程,针对常规通用桥梁,按结构部位,从一般规定、施工流程、施工要点、质量控制和成品保护等方面提出具体要求,强化主要材料资格备案制、专用模板设备准入制、首件工程认可制、工序负责制等制度,要求钢筋集中数控加工、混凝土集中拌和、构件集中预制,推行预应力智能张拉、混凝土外观质量"分级评定",加强源头管理和过程控制,促进桥梁施工工厂化、机械化、集约化,提高施工效率,提升管理实效和实体工程质量;通过专项施工技术方案评审制、班前例会制等制度,加强技术把关和交底,确保施工安全。

本《指南》可供公路工程各参建单位、参建人员使用,各地对其中有关的具体指标可根据实际情况进一步细化或强化要求,对未尽事宜应予补充完善。使用过程中发现的问题和修改意见,请反馈至交通运输部公路局(北京市建国门内大街11号,邮编100736),以便修订时改进。

编 者

2012年11月12日

目 录

1 总则 ·· 1
2 施工准备 ·· 2
   2.1 一般规定 ··· 2
   2.2 技术准备 ··· 2
   2.3 机具准备 ··· 4
   2.4 材料准备 ··· 5
   2.5 作业条件准备 ··· 5
   2.6 安全施工准备 ··· 6
   2.7 环境保护准备 ··· 7
3 通用技术 ·· 8
   3.1 钢筋 ··· 8
   3.2 模板、支架 ·· 10
   3.3 混凝土工程 ·· 12
   3.4 预应力混凝土工程 ·· 17
   3.5 安全施工 ·· 25
   3.6 环境保护 ·· 27
4 桥梁基础 ··· 28
   4.1 灌注桩 ··· 28
   4.2 沉入桩 ··· 36
   4.3 扩大基础及承台 ··· 39
   4.4 围堰 ·· 42
   4.5 安全施工 ·· 48
   4.6 环境保护 ·· 50
5 下部构造 ··· 51
   5.1 立柱 ·· 51

	5.2 盖梁	54
	5.3 桥台	57
	5.4 高墩	59
	5.5 安全施工	65
	5.6 环境保护	66
6	上部构造	67
	6.1 先张法预应力梁预制	67
	6.2 后张法预应力梁预制	71
	6.3 预制梁安装	76
	6.4 支架上现浇箱梁	78
	6.5 移动模架逐孔现浇箱梁	83
	6.6 悬臂浇筑预应力连续箱梁(连续刚构)	88
	6.7 节段梁预制与悬臂拼装	94
	6.8 桥面整体化及调平层	99
	6.9 安全施工	103
	6.10 环境保护	105
7	桥梁附属工程	106
	7.1 垫石及支座安装	106
	7.2 桥面排水	109
	7.3 护栏	110
	7.4 伸缩装置	113
	7.5 安全施工	116
	7.6 环境保护	116
附录A	高速公路桥梁工程施工组织设计目录范例	117
附录B	桥梁工程试验检测项目	127
参考文献		128

1 总则

1.0.1 为规范高速公路桥梁工程施工,提高管理水平,保证施工质量安全,防治桥梁施工中常见的质量通病,结合全国高速公路桥梁施工的实际情况,编制本指南。

1.0.2 本指南依据国家、交通运输部等工程建设主管部门发布的与桥梁工程相关的文件、标准、规范、规程和技术指南及行业内采取的成熟和先进的施工工艺、工法和管理办法编制。

1.0.3 本指南适用于新建、改建和扩建高速公路桥梁工程的施工管理,其他等级的公路桥梁可参照执行。

1.0.4 桥梁工程施工前应建立健全安全、质量、环保管理体系。

1.0.5 桥梁工程施工前应按照"连续性、均衡性、节奏性、协调性和经济性"的原则编制实施性施工组织设计。对技术条件复杂的工程,应进行多方案比选,编制安全可靠、技术可行、经济合理的专项施工技术方案和专项安全技术方案。

1.0.6 桥梁工程施工前应根据实际情况进行施工安全风险评估,以提高施工现场安全预控的有效性。

1.0.7 桥梁工程施工应推广成熟、先进的施工工艺和工法,积极而慎重地应用新技术、新工艺、新材料,提高桥梁施工管理水平和技术水平。

1.0.8 在使用和执行本指南过程中,应严格执行公路工程相关设计、施工、试验、检测、测量等方面技术标准、规范、规程、规定;本指南未涉及内容应按相关技术规范执行。

2 施工准备

2.1 一般规定

2.1.1 施工单位应按招标文件的要求配齐人员、机械设备和测量、试验检测仪器,建立相应的施工管理机构,制定现场管理的各项规章制度,落实管理措施。人员和机械设备如需更换,应按合同约定的办法和程序办理。

2.1.2 施工单位进场后,应及时将人员的联系信息报送监理工程师和建设单位,主动与建设单位、监理工程师、地方征地拆迁机构及其他相关部门进行沟通联系,熟悉项目管理的基本程序,相互交换工作分工、工作节点的时限要求、现场存在的问题等重要信息。

2.1.3 应充分考虑施工过程对陆上和水上交通的影响,不得随意中断主航道和陆上主要交通干线。在跨越等级公路、航道以及铁路时,应事先与交通管理、路政、海事、港监、航道、水务、铁路等有关部门沟通,按规定办理相关手续。

2.1.4 桥梁工程施工实行首件工程认可制。对桥梁的基础、立柱、墩台身(帽)、梁板预制及安装、梁板现浇、桥面整体化及调平、伸缩装置安装、护栏等分项工程,第一个成品或半成品完成后,应由监理工程师组织施工单位对首件工程的各项技术、质量、安全指标和措施等进行总结和综合评价,验证施工工艺的可靠性、合理性,找出工料机的最佳组合参数与相关工艺参数。首件工程结束后,施工单位应编制首件工程总结报告,其内容宜包括:施工技术方案、施工工艺、质量保证措施、缺陷分析及采取的整改措施、检测数据、主要施工管理人员和质量责任人等。首件工程总结报告经批准后方可进行批量施工。

2.2 技术准备

2.2.1 技术文件编制

(1)在开工前,应组织技术人员熟悉设计图纸,领会设计意图,核对工程数量及图纸中的漏、错,应进行现场核实,全面核对坐标、高程和关键构造尺寸。对图纸中存在的问题以及对设计的建议,应及时上报,并接受设计单位的设计技术交底。

(2)施工单位应根据合同明确的总体工期和关键节点工期的控制要求,完成实施性施工组织设计的文件编制,其内容参照本指南附录A。

(3)桥梁工程中的深基坑、溶洞处理、水中基础、超高桥墩、支架施工、悬浇施工、预制梁场、架梁、跨路桥梁施工、大体积混凝土等内容应编制专项施工技术方案,并根据相关要求开展公路桥梁工程施工安全风险评估。专项施工技术方案宜包括施工组织、施工技术、施工工艺和施工安全管理等。专项施工技术方案应由施工单位技术负责人签认,并加盖法人资格的单位公章后报送监理工程师和建设单位。施工单位应严格按批复的施工技术方案组织实施,在实施过程中如发现方案中有不可行的内容或未预见到的问题时,应及时调整或修改方案重新上报,经重新审批后方可组织实施。

(4)施工单位应在开工前对本合同段的单位工程、分部工程和分项工程进行划分,并报送监理工程师。施工过程中应及时对相关资料进行整理、归档,并按建设单位要求的时限提交交(竣)工文件,经审核合格后,存放到指定地点。

(5)施工单位应加强对一线操作人员的岗前培训、上岗考试等教育培训,特别是张拉、压浆、钢筋制作、混凝土浇筑等关键工序人员的教育培训。

2.2.2 施工测量

(1)测量仪器在使用前应经有资质的计量检定机构进行检定。施工过程中应加强维护、定期核查,使其始终保持完好状态。

(2)施工单位接受交桩后应完成导线点、水准点复测和加密工作。加密点位现浇混凝土底座的平面尺寸宜为300mm×300mm,深度不宜小于600mm。加密点宜高出原地面30mm左右,预埋钢筋的外露高度应不大于5mm,顶部应锯十字丝,重要的水准点、导线点应采用围栏进行保护。施工过程中每3个月应对桩点进行一次检查与维护,直至工程交工。

(3)大型桥梁工程的每一端至少应埋设平面控制点和水准控制点各2个,且宜建立独立的施工测量控制网。三角网基线至少2条,并和桥轴线相连,可设在一岸或两岸(如两岸施工单位不同则必须两岸设置)。

(4)加密、复测等工作完成后应及时将测量成果上报监理工程师。对存在异议的导线控制点、水准点,施工单位应向监理工程师提交书面报告(列出有误数据或修正数据)。监理工程师应对施工单位提交的复测、加密结果进行核对,并应进行独立平行的复核测量。

(5)施工单位应定期进行导线点、水准点的复测,并与相邻合同段进行联测,发现问题应查明原因,及时处理。

(6)施工放样测量前,应对桥梁各墩台的控制性里程桩号、基础坐标、设计高程等数据进行复核计算,确认无误后再施测。

(7)施工测量应严格执行复核制度,减少或避免测量过程中的人为错误,最大限度地防止出现差错。

2.2.3 试验检测

（1）施工单位工地试验室在开工前应登记备案,并在取得公路工程工地试验室备案通知书后,方可从事该项目的试验检测工作。对工地试验室不能开展的特殊试验项目,应委托有资质的检测单位进行试验。试验检测项目见本指南附录 B。

（2）工地试验室的组建应符合《高速公路施工标准化技术指南 第一分册 工地建设》相关章节的规定。

2.2.4 技术交底

（1）施工单位应根据工程内容和批准的实施性施工组织设计,由项目总工组织编制各专项交底文件,主要内容宜包括:特殊分部分项工程的施工方案,质量、安全、环保保证措施及应急预案;关键工程与交叉作业工程如何协作配合,土建施工与设备安装工艺的衔接;施工单位初次采用的新技术、新工艺、新材料、新设备等。

（2）项目经理部应由项目总工对各部门负责人、技术人员、施工班组长进行技术交底,监理工程师参加,交底过程应形成记录,交底双方应在交底记录上签字。

（3）班组施工人员应由项目经理部主管技术人员进行技术交底。班组技术交底的主要内容宜包括:分项工程的施工方法、施工工序与工艺管理要求及注意事项、安全防控措施;关键工程的具体部位、高程和尺寸,预埋件、预留孔洞的位置及规格;流水和交叉作业施工阶段划分;支模方法、拆模时间;钢筋及预应力筋的规格、品种、数量和施工要求;混凝土、砂浆、防水、防腐等材料的配合比,试件的取样、养护方法,焊接程序和工艺控制,质量标准等。

（4）两个以上施工班组或工种配合施工时,项目经理部工程技术管理部门应组织按工程进度交叉作业进行联合交底。

（5）项目经理部应建立班前会制度,每天上班前应向作业人员明确当日作业的相关技术要求。

2.3 机具准备

2.3.1 机具进场与停放

（1）进入施工现场的各类机械设备的规格和数量,应满足工程质量、安全、环保和进度的要求,同时应外观整洁,状态良好。

（2）现场各类机械设备的停放位置应合理规划、分区布置、摆放整齐。

（3）施工机械的其他要求应符合《高速公路施工标准化技术指南 第一分册 工地建设》相关章节的规定。

2.3.2 设备安装调试

（1）工程所使用的锅炉、压力容器、电梯、起重机械等特种设备,使用前应具有法定机构出具的检验检测合格证明,其安装调试、拆卸应具有经审批的施工方案及安全技术措施,并应由具备安装、拆卸资质和从业人员资格的队伍进行。气瓶应有安全条码及有效仪表。

(2)所使用的机械设备如钻机、起吊设备等,应在显著位置悬挂操作规程牌,标明机械名称、型号种类、操作方法、保养要求、安全注意事项及特殊要求等。

(3)施工单位应定期对设备进行检查维修和保养清洗,并建立特种设备检修、维护台账,保证设备安全可靠、运转正常,严禁设备带病作业。

2.4 材料准备

2.4.1 原材料、半成品采购与存放

(1)施工单位进场后应对施工中涉及的工程材料进行现场调查,并应结合工程规模和施工进场安排确定仓储数量,选择好的供应商和生产商,落实好材料管理"源头把关,过程控制"的各个环节。

(2)桥梁施工的钢筋、水泥、外加剂、钢绞线、伸缩装置、支座、锚具等主要材料应实行资格备案制,并应加强进场质量检验。

(3)施工单位应建立工程材料管理台账,记录材料的生产厂家、出厂日期、进场日期、数量、规格、批号及使用部位。

(4)材料验收合格后,应根据材料的性能和用途合理选择存放场所,规范码放,并应考虑材料的防火、防盗、防潮湿及运输、装卸、加工等因素,避免二次倒运。

2.4.2 原材料、半成品试验

(1)施工单位应严格控制材料料源及其生产工艺,所有材料、半成品、成品应在自检和监理工程师抽检合格后方可使用,外委试验项目应事先报经监理工程师同意。原材料、半成品应按其检验状态和结果、使用部位等进行标识。试验台账应记录取样送检日期、代表数量、检测单位、检测结果、报告日期以及不合格材料的处理情况等内容。

(2)钢材、水泥、钢绞线、支座、锚具、外加剂等工程主要材料的质量证明书和试验检验报告应与工程交(竣)工资料一起存档备查,作为对工程质量终身负责的证据。

2.5 作业条件准备

2.5.1 施工场地

(1)桥梁工程开工前应完成"四通一平",即做好临时水、电、通信和施工便道(便桥)的修建工作,并做好场地平整、硬化、排水等工作。

(2)桥梁施工现场应统一规划、合理布局,并绘制桥梁施工平面布置图。

(3)应按照"混凝土集中搅拌、构件集中预制、钢筋集中加工"的原则,重点做好混凝土拌和站、构件预制场、钢筋加工场的建设工作,具体要求见《高速公路施工标准化技术指南 第一分册 工地建设》相关章节的规定。

2.5.2 作业人员的要求应符合《高速公路施工标准化技术指南 第一分册 工地建

设》相关章节的规定。

2.6 安全施工准备

2.6.1 施工单位在编制桥梁工程的施工组织设计和施工技术方案时,应根据工程特点同时编制保证施工安全的技术方案和组织方案。危险性较大的工程应编制安全专项施工方案。

2.6.2 施工单位应按照相关法律法规的要求建立健全安全生产管理制度,保证安全生产条件所需资金的投入,严禁安全资金挪作他用,并设置安全管理职能部门,配备相应的专职安全管理人员,明确管理职责和安全责任。

2.6.3 施工作业前,应由工程技术负责人或方案编制人向施工作业人员进行安全技术方案交底。分部分项工程作业前,应由项目工程师或分管技术员向全体作业人员进行安全技术交底。工班长每天班前会布置生产任务时,应对易发生的安全事故进行提醒、警示。

2.6.4 施工单位应提前为技术、管理和生产作业人员配齐安全防护用品,并应保证防护用品的质量满足国家或行业标准的规定。进入施工现场的人员应按规定佩戴、使用劳动安全防护用品,安全监察人员应佩戴袖标(牌)。

2.6.5 施工单位应做好施工作业人员的安全教育培训。特种作业人员应经过专业培训,持证上岗。

2.6.6 施工作业所使用的机械、设备和工具应符合国家有关标准的规定,施工单位应定期检查和检验,特种设备应符合其安装、维护、使用和检验等管理制度的规定;各种机电设备操作和各种危险作业,施工单位应根据安全操作规程在施工现场设置安全操作规程牌进行明示,其内容应包括操作要点、安全事项、工前检查、工后保养、日常维护等。

2.6.7 施工单位应根据现行《施工现场临时用电安全技术规范》的要求和合同段内施工现场的特点以及地理环境等,由电气专业人员编制施工现场临时用电方案(临时用电施工组织设计)。

2.6.8 对施工生产作业区域内所有的临边、洞口和可能发生高处坠物的区域,应设置符合规范要求的安全防护设施;对施工现场范围内可能存在某种危险性的区域,应设置醒目的警戒、警告、警示标志;夜间施工时,现场应设有保证施工安全要求的照明设施。

2.6.9 施工单位应按照国家有关规定配置消防设施和器材,设置消防安全标志。

2.6.10 桥梁工程施工现场应采取封闭式管理,应做到办公区域与生活区域隔离,施工区域与非施工区域隔离,作业危险区域与作业非危险区域隔离。跨越公路、航道、铁路施工时,应设专人负责做好防护工作,保证既有公路、航道、铁路畅通及人员安全。

2.6.11 施工单位应组织制订安全生产应急救援预案,建立应急救援组织机构,配足应急救援人员、机具、物资、器材,并定期组织开展有针对性的演练。

2.6.12 施工单位应为施工现场从事危险作业的人员办理意外伤害保险。

2.7 环境保护准备

2.7.1 施工单位在编制桥梁工程的施工组织设计和施工方案时,应根据工程特点,针对在施工中可能对环境造成的不利影响,编制具体的环境保护方案。

2.7.2 现场液态、固态等各类废弃物,应按照规定进行处理,严禁擅自掩埋、焚烧或排放;施工现场应根据需要设置机动车辆冲洗设施、排水沟及沉淀池,施工、生活污水经处理达标后,方可排放,防止水土污染。

2.7.3 施工现场宜经常洒水,避免扬尘污染空气。

2.7.4 临近居民区施工时产生的噪声不应大于现行《建筑施工场界环境噪声排放标准》的规定。施工作业人员在噪声较大的现场作业时,应采取有效防护措施。施工所产生的振动对邻近建筑物或设备会产生有害影响时,应采取相应的措施并进行监测。

2.7.5 应节约用地,少占用农田。不得随意占用或破坏施工现场周围相邻的道路、植被以及各种公共设施场所。

2.7.6 应加强环境监测和事故预防,施工中应尽量减少对原有自然环境的破坏。自行开采砂石的单位应办理矿管等手续,并做好环境保护工作,防止水土流失。

2.7.7 桥梁工程交工前,应及时对临时辅助设施、临时用地和弃土等进行处理,保证做到工完场清,符合环保要求。

3 通用技术

3.1 钢筋

3.1.1 一般规定

(1)开工前应认真核对设计文件,对钢筋布置图与钢筋数量表及工程数量表进行对照复核。

(2)应选择采购信誉良好、管理规范的大中型企业生产的符合现行国家标准的钢筋,严禁使用废旧钢筋。

(3)钢筋进场后,施工单位应对钢筋进行检验,监理工程师应按频率进行抽检。检验合格后应按《高速公路施工标准化技术指南 第一分册 工地建设》的规定存放。

(4)钢筋应集中加工,钢筋的成品、半成品宜采用平板车或专用车运输。

(5)钢筋在运输、储存过程中应避免锈蚀、污染、机械损伤和弯曲变形等,加工完成后应分类存放,挂牌标明钢筋的规格、使用部位等。

3.1.2 钢筋加工

(1)钢筋的表面应洁净、无损伤,加工前应将表面的油渍、漆皮、鳞锈等清除干净,对除锈后钢筋表面有严重麻坑、斑点,已伤蚀截面的应剔除不用。

(2)钢筋下料、加工前应对钢筋的下料长度、连接接头的设置等进行设计计算,避免出现主筋不必要的接长、连接长度不足、焊接接头位置不符合要求、弯曲角度不满足设计要求、钢筋骨架或钢筋笼扭曲等现象。

(3)钢筋应平直、无局部弯折,成盘的钢筋和弯曲的钢筋均应采用调直机调直。

(4)钢筋弯曲加工时,应按设计一次弯曲成型,不得反复弯折或调直后再弯,严禁热弯成型。宜采用数控钢筋弯曲机、数控弯箍机加工钢筋(见图3.1.2)。

3.1.3 钢筋连接

1)钢筋下料前应先确定好钢筋的连接方式,并应按照连接方式确定下料长度。

2)钢筋直径小于25mm时,如采用闪光对焊连接,应经过焊接工艺评定。当作业条件受限,只能采用电弧焊(帮条焊或搭接焊)时,焊条的选择、搭接长度应满足规范要求,并应保证钢筋轴线同心。

3)钢筋直径大于或等于25mm时,宜采用滚轧直螺纹等机械连接方式,并应满足下列要求：

（1）对直螺纹套筒应严格按相关规范要求进行检查验收，内螺纹不得有缺牙、错牙、污染、生锈、机械损伤等现象。

图 3.1.2　数控钢筋加工设备

（2）应配备力矩扳手和专用螺纹环规，固定作业人员，按规定进行丝头检验和拧紧力矩检验。

（3）钢筋下料时，切口端面应与钢筋轴线垂直，不得有马蹄形或挠曲，不符合要求时应将钢筋端头切掉，保证丝头面平整、垂直。

（4）应严格控制丝头长度，不应过长或过短，每加工10个丝头应采用环规检查一次，并剔除不合格丝头，丝头检验合格后应加护套防护（见图3.1.3-1），丝头不得有污染、生锈、机械损伤等现象。

（5）现场安装时，应使钢筋丝头在套筒中央位置相互顶紧（见图3.1.3-2）。

 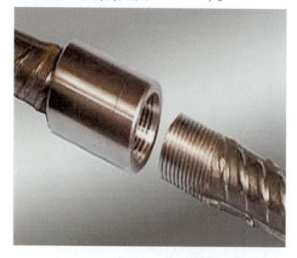

图 3.1.3-1　丝头保护　　　　　　　　图 3.1.3-2　丝头间隙检查

3.1.4　钢筋绑扎与安装

（1）钢筋骨架的焊接拼装应在固定的工作平台上进行，钢筋笼骨架制作应采用钢筋定位模具或模架。钢筋交叉点应双丝绑扎结实，必要时点焊焊牢，扎丝绑扎时丝头朝结构内弯，防止丝头进入混凝土保护层，以免产生锈蚀。

(2)预埋钢筋宜增设临时定位钢筋等辅助措施进行定位,必要时可采用劲性骨架,保证其定位准确、牢固。防撞护栏预埋钢筋应与梁体钢筋点焊固定。

(3)混凝土浇筑后,对外露时间较长的预留(埋)钢筋,应选择合适的防锈方式进行保护,如包裹、涂刷防锈材料等。

(4)钢筋骨架的保护层控制宜使用圆饼形、梅花形高强砂浆垫块,其强度不得低于混凝土强度,绑扎应牢固可靠,垫块布置的数量应不少于4个/m²,且应避免布置在同一断面(见图3.1.4-1),如钢筋直径较小,则应适当加密。

(5)桩基础钢筋笼的保护层宜采用圆饼形混凝土垫块,垫块的厚度应不小于40mm,且宜采用不小于10mm的穿心钢筋焊接在主筋上,纵向间隔应不大于2m,每道沿圆周对称设置应不少于4块(见图3.1.4-2)。

图3.1.4-1 垫块布置

图3.1.4-2 钢筋笼垫块布置

(6)安装箱梁腹板和底板、顶板钢筋时,应将腹板和底板、顶板钢筋连接牢固,且宜采用焊接方式。顶板底层横向钢筋宜采用通长钢筋。

3.2 模板、支架

3.2.1 一般规定

(1)模板应进行专门设计,并应具有足够的强度和刚度。外露混凝土面的模板应表面光洁平整。对模板的具体要求应该在招标文件中明示。

(2)模板的结构应简单,制作、装拆应方便。模板板面之间应平整,接缝严密,不漏浆,应保证结构物外露面平整美观,线条顺直。

(3)钢模板进场前应先进行拼装,验收合格后用油漆打上拼装顺序号。安装前应抛光打磨,清除污垢,涂刷脱模剂。应采用专用脱模剂或经试验效果较好的脱模剂,同一结构脱模剂宜采用同一品种,不得使用废机油及其混合物,不得污染钢筋及混凝土的施工缝。

(4)在大体积混凝土结构倒角等容易产生气泡的部位,宜在模板表面粘贴混凝土透水模板布,以减少混凝土表面气泡、砂线、砂斑,同时可提高混凝土的表面强度和耐磨性。

(5)在计算荷载作用下,对支架结构应按受力程序分别验算其强度、刚度及稳定性。

(6)支架宜采用碗扣式[见图3.2.1a)、b)]、扣件式钢管脚手架,或采用型钢、钢管及其他定型钢构件。支架在预压及混凝土浇筑过程中应安排专人加强观测,确保安全。重复使用的模板、支架应经常检查,当变形不满足规范要求时应及时调整。

 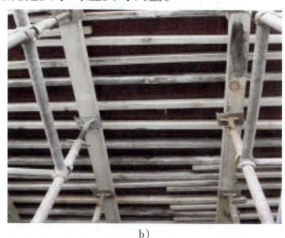

a)　　　　　　　　　　　　　　　　　　b)

图3.2.1　碗扣支架

(7)应建立模板进场审查制度、支架专项验收及预压制度,以确保模板、支架的施工质量。

3.2.2　模板、支架设计

(1)模板、支架应根据桥梁结构形式、设计跨径、荷载大小、地基土类别及相关的规范进行设计,支架和分配梁设计时应考虑预压的超载系数。

(2)支架应为几何不变体系,立杆之间应根据受力要求和结构特点设置水平和斜向支撑连接杆件,增加支架的整体刚度和稳定性。支架较高或呈曲线布置时,横断面上应向外设置抛撑或加密横向剪刀撑,增加支架横向稳定性。

(3)支架上的梁体有纵坡或梁体倾斜时(如腹板),应根据梁体的重量通过计算增加斜撑杆,抵消混凝土浇筑时产生的水平力。

(4)实施前应绘制模板、支架总装图、细部构造图。

3.2.3　模板制作与安装

(1)钢框覆面胶合板模板的板面宜采取错缝布置,支撑系统的强度和刚度应满足要求。高分子合成材料面板、硬塑料或玻璃钢模板,制作接缝应严密,边肋及加强肋应安装牢固,与模板成一整体。

(2)模板制作完成后应进行试拼,检查拼缝平整度、外形尺寸、断面尺寸等指标,对不合格处应进行整修。

(3)模板安装使用的对拉杆应外套PVC管,保证对拉杆的拆卸和重复使用。模板开孔时应采用机械钻孔,且应布置规则、整齐,不得采用焊割或氧割。有条件时宜采用锥形螺母(见图3.2.3)对拉杆。

(4)安装模板时,应设临时支撑固定,严禁将模板系于结构钢筋上。

(5)模板安装后如不能立即浇筑混凝土时,应预留出渣口,且应在混凝土浇筑前清理模板内杂物。

(6)模板不得与上下爬梯(扶梯)连接,避免引起模板震动和变形。

3.2.4 支架制作与安装

(1)支架宜采用标准化、系列化、通用化的钢构件拼装。支架应进行施工图设计,并应验算其刚度、强度和稳定性。支架进场后应进行质量检查,对钢管壁厚、直径、外形、扣件等进行检查,将不合格材料剔除。

图 3.2.3 锥形螺母

(2)制作木支架时,应尽量减少长杆件接头,两相邻立柱的连接接头应尽量分设在不同的水平面上。主要压力杆的纵向连接,应使用对接法,并采用木夹板或铁夹板夹住,次要构件的连续可采用搭接。

(3)支架安装完毕后,应对其平面位置、顶部高程、节点连接及纵、横向稳定性进行全面检查及验收。

(4)应做好支架基础处理。

3.2.5 模板、支架拆除

1)模板、支架的拆除顺序和方法应按设计和施工方案进行;设计未规定时,应遵循先支后拆、后支先拆的原则,自上而下进行,且应先拆非承重模板,后拆承重模板。

2)模板拆模不宜过早,尤其在昼夜温差大于15℃时,应延迟1~2d,且尽量在升温阶段拆模,内外温差控制在20℃以内。

3)模板、支架应按拟定的程序进行卸落,分几个循环卸完,卸落量开始宜小,以后逐渐增大。纵向应对称均衡卸落,横向应同时一起卸落。卸落时尚应满足下列要求:

(1)卸落前应在卸架装置上画好每次卸落量的标记,卸落时应设专人用仪器观测变化情况,并详细记录。

(2)简支梁、连续梁的模板宜从跨中向支座依次循环卸落;悬臂梁结构的模板宜从悬臂端开始按顺序卸落。

(3)卸落模板支架时,不得野蛮拆除。

3.3 混凝土工程

3.3.1 一般规定

宜建立混凝土外观质量"分级评定"制度,明确外观质量评定的量化标准,对混凝土结构物外观进行指标化检验。

3.3.2 水泥

(1)选用水泥时,应以所配置混凝土的强度和弹性模量达到要求、收缩小、和易性好和节约为原则,且其特性不会对混凝土结构强度、耐久性及使用条件等产生不利影响。

(2)采购水泥时,应选择信誉良好、生产能力较强、管理规范的大中型企业生产的散装干法旋窑水泥,出厂时应附有厂家的合格证明文件。

(3)水泥进场后,应按其品种、强度等级以及出厂时间等情况分批进行检查验收。

(4)当对水泥质量有怀疑(如受潮)或存放时间超过3个月,应重新取样检验,并应按其复验结果使用。

3.3.3 细集料

(1)细集料宜采用级配良好、质地坚硬、颗粒洁净且粒径小于5mm的河砂,河砂不易得到时,可采用硬质岩石加工的机制砂。

(2)当对河砂、机制砂的坚固性有怀疑时,应采用硫酸钠进行坚固性试验。

3.3.4 粗集料

(1)粗集料应采用坚硬的卵石或碎石,应按生产地、类别、加工方法和规格等不同情况,分批进行检验。

(2)粗集料宜采用连续级配,不宜采用单粒级或间断级配,在特殊情况下必须使用时,应通过试验验证。

(3)施工前应对所用的碎石或卵石进行碱活性检验,原则上不得采用有碱活性反应的粗集料,特殊情况下须采用时应采取必要的抑制措施。

(4)集料应按品种规格分别堆放,不得混杂;在装卸及存储时,应采取措施,使集料的颗粒级配均匀,并保持洁净。

3.3.5 混凝土的拌和、养护用水应符合现行行业标准《混凝土用水标准》的规定。

3.3.6 外加剂

(1)应根据使用目的,结合外加剂的特点,确定外加剂的使用品种。

(2)外加剂应与水泥、矿物掺和料之间具有良好的相容性,当采用两种及两种以上的外加剂时,外加剂之间亦应有良好的相容性。外加剂的用量应通过配合比试验确定。

(3)外加剂宜为水剂,且宜采用专用储存罐避光储存(见图3.3.6),并加设循环搅拌泵。

(4)外加剂必须检验合格后方可使用,不同品种的外加剂应分别存储,做好标记,在运输与存储时不得混入杂物和遭受污染。

3.3.7 掺和料

（1）掺和料应保证质量稳定,来料均匀,出厂时应附带产品质量合格证书,使用前应进行质量复试,确保合格。

（2）混凝土中粉煤灰、磨细矿渣粉、硅灰等矿物掺和料的掺入量应通过试验确定。

（3）掺和料在运输与存储中,应有明显标志,严禁与水泥等其他粉状材料混淆。

图 3.3.6　外加剂储存库

3.3.8 混凝土配合比

1）混凝土的配合比应以质量比表示,并应通过计算和试配选定。试配时应使用施工实际采用的材料,配制的混凝土拌和物应满足和易性、凝结时间等施工技术条件;制成的混凝土应满足强度、耐久性（抗冻、抗渗、抗侵蚀）等质量要求。

2）普通混凝土的配合比,应按照规范要求的方法确定。在施工过程中,应及时积累资料,为合理调整混凝土配合比提供依据。

3）当工程需要获得较大的坍落度时,可在不改变混凝土的水灰比及不影响混凝土质量的情况下,适量掺加外加剂。

4）在充分满足施工要求及混凝土性能标准的前提下,混凝土配合比设计应采用尽可能小的水胶比。

5）除应对由各种组成材料带入混凝土中的碱含量进行控制外,尚应控制混凝土的总碱含量。

6）泵送混凝土的配合比宜符合下列规定：

（1）最小水泥用量宜为 $280 \sim 300 \text{kg/m}^3$（输送管径 $100 \sim 150 \text{mm}$）。通过 0.3mm 筛孔的砂不宜少于 15%,砂率宜控制在 35% ~ 45% 范围内。

（2）混凝土拌和物的出机坍落度宜为 $100 \sim 200 \text{mm}$,泵送入模时的坍落度宜控制在 $80 \sim 180 \text{mm}$ 之间。

（3）宜通过试验掺用适用的减水剂、泵送剂和掺和料。

3.3.9 混凝土拌制

（1）混凝土应采用带有自动计量、进料和控制搅拌时间的强制式搅拌机进行拌制。计量器具应定期检定,搅拌机经大修、中修或迁移至新的地点后,也应进行检定,并建立规范可查的检定、检修台账;混凝土生产单位应每月自检一次。

（2）混凝土配料时,各种衡器应保持准确,每一工作班正式称量前,应对计量设备进行校核。

（3）对集料的含水率应经常进行检测,雨天施工时应增加测定次数,以调整集料和水的用量。

(4)自全部材料装入搅拌筒至开始出料的最短搅拌时间应符合搅拌机设备出厂说明书的规定,且不得低于表3.3.9的规定;搅拌细砂混凝土或掺有外加剂时,搅拌时间适当延长1~2min。

混凝土最短搅拌时间 表3.3.9

搅拌机类别	搅拌机容量(L)	混凝土坍落度(mm)		
		<30	30~70	>70
		混凝土最短搅拌时间(min)		
强制式	≤400	1.5	1.0	1.0
	≤1 500	2.5	1.5	1.5

(5)对于在施工现场集中搅拌的混凝土,应检查混凝土拌和物的均匀性,混凝土拌和物应拌和均匀,颜色一致,不得有离析和泌水现象。

(6)混凝土拌和物的坍落度,应在搅拌地点和浇筑地点分别取样检测,每一工作班或每一单元结构物不应少于两次。评定时应以浇筑地点的测值为准。如混凝土拌和物从搅拌机出料起至浇筑入模时间不超过15min时,其坍落度可仅在拌制地点取样检测。在检测坍落度时,还应观察混凝土拌和物的黏聚性和保水性。

3.3.10 混凝土运输

1)混凝土的运输能力应适应混凝土凝结速度和浇筑速度的需要,使浇筑工作不间断,并使混凝土运到浇筑地点时仍保持均匀性和规定的坍落度。混凝土拌和物宜采用搅拌运输车运输。

2)采用泵送混凝土时应符合下列规定:

(1)混凝土的供应应保证输送混凝土的泵能连续工作。

(2)输送管线宜直,转弯宜缓,接头应严密,如管道向下倾斜,应采取措施防止混入空气,产生阻塞。

(3)泵送前应先用适量的、与混凝土内成分相同的水泥砂浆润滑输送管内壁。混凝土出现离析现象时,应立即用压力水或其他方法冲洗管内残留的混凝土,泵送间歇时间不宜超过15min。

(4)在泵送过程中,受料斗内应具有足够的混凝土,防止吸入空气产生阻塞。

3.3.11 混凝土浇筑

1)浇筑混凝土前,应将模板内的杂物、积水以及钢筋上的污垢等清理干净;同时应对支架、模板、钢筋和预埋件等进行检查,并做好记录,符合设计要求后方可进行浇筑。

2)浇筑混凝土时应采取措施防止离析。

3)混凝土应按一定厚度、顺序和方向分层浇筑,应在下层混凝土初凝或能重塑前浇筑完成上层混凝土。高度不大于0.6m的结构可按斜面分层,大于0.6m的应按水平分层方式浇筑,对梁体腹板、盖梁等钢筋密集处不便水平分层时亦可采用斜面分层浇筑方式。上下层混凝土同时浇筑时,上层与下层之间的前后浇筑距离应保持在1.5m以上。在倾斜面上浇筑混凝土时,应从低处开始逐层扩展升高,保持水平分层。

4)采用振动器振捣混凝土时,应符合现行《公路桥涵施工技术规范》的规定。

5)混凝土的浇筑宜连续进行,因故必须间断时,应按规范要求预留施工缝。施工缝的位置应在混凝土浇筑之前确定,宜留置在结构受剪力和弯矩较小且便于施工的部位,同时应考虑施工缝对外观质量的影响,并应按下列要求进行处理:

(1)应凿除处理层混凝土表面的水泥砂浆和松散层。

①凿毛应露出新鲜混凝土,且外露的粗集料应分布均匀,表面凹凸高度宜在2~20mm(见图3.3.11-1)。

②对湿接缝部位,拆模后宜采用小型手动工具凿毛。小型构件和薄壁构件不宜采用风镐凿毛,宜采用人工凿毛。

③当采用水冲凿毛时,混凝土强度应达到0.5MPa;当采用人工凿毛时,混凝土强度应达到2.5MPa;采用小型手动工具凿毛时,混凝土强度应达到10MPa;当采用风镐凿毛时,混凝土强度应达到15MPa。

④不得采用在混凝土表面(混凝土终凝前)划痕或插捣等方式代替凿毛。

(2)经凿毛处理的混凝土面,浇筑后续混凝土前,应采用水冲洗干净,同时应保证混凝土凿毛面湿润。

(3)重要部位及有防震要求的混凝土结构或钢筋稀疏的钢筋混凝土结构,应在施工缝处补插锚固钢筋;有抗渗要求的施工缝宜做成凹形、凸形或设置止水带。

(4)施工缝为斜面时应浇筑成或凿成台阶状。

(5)施工缝处理后,应待处理层混凝土达到一定强度后方可继续浇筑混凝土。

(6)混凝土分次浇筑或预留施工缝时,相邻混凝土间的浇筑间歇期宜控制在7d以内,以减少新旧混凝土之间的收缩差。

6)在浇筑过程中或浇筑完成时,如混凝土表面泌水较多,应在不扰动已浇筑混凝土的条件下,采取措施将水排除。继续浇筑混凝土时,应查明原因,采取措施,减少泌水。

7)结构混凝土浇筑完成后,对混凝土裸露面应及时进行修整、抹平,待收浆后再抹第二遍,并压光或拉毛(见图3.3.11-2)。

图3.3.11-1 混凝土表面凿毛

图3.3.11-2 梁板顶面混凝土拉毛

8)浇筑混凝土期间,应设专人检查支架、模板、钢筋和预埋件等稳固情况,当发现有松动、变形、移位时,应及时处理。

9）严禁对混凝土进行随意修饰,确因混凝土表面存在缺陷且不影响主体结构质量时,应报监理工程师同意后方可进行修饰,修饰前应拍照存档,修饰材料应保证其色泽与结构基本一致。经修饰后的混凝土竣工验收质量评定等级最高为合格。

3.3.12 混凝土养护

（1）混凝土收浆后应尽快采用透水土工布或薄膜覆盖保湿,有条件时应采用喷淋养护。干硬性混凝土、高强度和高性能混凝土、炎热天气浇筑的混凝土以及桥面等大面积裸露的混凝土应加强初始保湿养护。养护时间应不少于7d,对重要工程或有特殊要求的混凝土应酌情延长养护时间。

（2）当裸露面面积较大或气候不良时,应覆盖防护,但在终凝前,覆盖物不得接触混凝土面。

（3）在气温不低于5℃的情况下,可采取覆盖、洒水、抗风、保温等方式对混凝土进行养护；当气温小于5℃时,严禁向混凝土面洒水,应对混凝土表面进行覆盖,并采取保温措施进行养护。短期低温时应适当延长拆模时间。

3.3.13 大体积混凝土施工

1）大体积混凝土在浇筑前应制订专项施工技术方案进行温控设计和温控监测,有效控制混凝土内外温差,防止开裂。

2）大体积混凝土浇筑前应根据水泥品种和规格、气温、浇筑方式等因素计算水化热,确定浇筑方式。

3）大体积混凝土的浇筑尽可能安排在气温较低季节施工,可按下述方法控制：

（1）控制混凝土入模温度。宜采用遮盖原材料、水泥提前入仓、冷水拌制等方法降低原材料温度。

（2）可采取改善集料级配、降低水胶比、添加掺和料、掺加外加剂等方法减少水泥用量,延长混凝土的凝结时间。

（3）选用水化热较低和凝结时间较长的大坝水泥、矿渣水泥、粉煤灰水泥。

（4）减小浇筑层厚度或分块浇筑,埋设浇筑体内循环水管,以加快混凝土散热速度。

3.3.14 高性能混凝土施工

（1）高性能混凝土的配合比宜委托专业单位通过试验确定。

（2）混凝土的坍落度宜根据施工工艺的要求确定,条件允许时宜选用低坍落度的混凝土。

3.4 预应力混凝土工程

3.4.1 一般规定

（1）预应力材料应保持清洁,在存放和搬运过程中应避免机械损伤和有害的锈蚀。如进场后需长时间存放时,应安排定期的外观检查。

（2）预应力筋和管道在仓库内保管时，仓库应干燥、防潮、通风良好、无腐蚀气体和介质；进场后的存放时间不宜超过6个月，不得直接堆放在地面上，应采取垫枕木并用油布覆盖等有效措施，防止雨雪和各种气体、介质的影响。

（3）锚具、夹具和连接器均应设专人保管，并清点核对数量及配套情况。存放、搬运时均应妥善保护，避免锈蚀、沾污、遭受机械损伤或散失。临时性的防护措施应不影响安装操作的效果和永久性防锈措施的实施。

（4）为促进预应力混凝土工程的标准化、精细化施工，消除张拉的人为因素影响，提高预应力管道压浆密实度，应推行桥梁预应力智能张拉与压浆技术，确保结构的安全、耐久性。

3.4.2 预应力材料

1）锚具、夹具及连接器

（1）预应力筋锚具、夹具和连接器应具有可靠的锚固性能、足够的承载能力和良好的适用性，应能保证充分发挥预应力筋的强度，安全地实现预应力张拉作业。

（2）预应力筋锚具应按设计要求采用，锚具应满足分级张拉、补张拉以及放松预应力的要求。用于后张结构时，锚垫板宜设置压浆孔或排气孔，压浆孔应有足够的截面面积，以保证浆液的畅通。

（3）锚具、夹具和连接器进场时，除应按出厂合格证和质量证明书核查其类别、型号、规格及数量外，尚应按规范规定进行外观质量检验、硬度试验、静载锚固性能试验。

2）预应力筋

（1）预应力混凝土结构所采用的钢丝、钢绞线、螺纹钢筋等材料的性能和质量，应符合现行国家标准的规定。

（2）预应力筋的下料长度应通过计算确定，计算时应考虑结构的孔道长度或台座长度、锚夹具厚度、千斤顶长度、接头或镦头预留量、冷拉伸长值、外露长度等因素。

（3）预应力筋的加工和截断应在专用的操作平台上进行，防止污染。

（4）不得在钢绞线原材料存放场地及已穿钢绞线的梁端部附近进行电焊作业，防止焊渣溅落到钢绞线上；严禁采用有效的钢绞线作为电焊机的接地线。

（5）预应力筋的切割应采用砂轮锯，严禁采用电弧进行切割（见图3.4.2-1）。

3）预应力管道

（1）在后张有黏结预应力混凝土结构中，预应力筋的孔道宜由浇筑在混凝土中的刚性或半刚性管道构成，或采取钢管抽芯、胶管抽芯及金属伸缩套管抽芯等方法进行预留。

（2）浇筑在混凝土中的管道不应有漏浆现象。管道应具有足够的强度和刚度，应使其在混凝土的重量作用下保持原有的形状，且能按要求传递黏结应力。

（3）在钢筋绑扎过程中，应根据设计的位置精确定位波纹管和锚垫板位置。宜将锚垫板安装在模板上，锚垫板孔应与管道同轴线，其端面应与管道轴线垂直，不得错位。锚垫板下应设置配套的螺旋钢筋，波纹管宜用U形或井字形定位筋固定（见图3.4.2-2），直线段每0.8m设置一道，曲线段每0.4m设置一道。所有管道均应在每个顶点设排气孔，需要时在每个低点设置排水孔。波纹管与普通钢筋位置发生冲突时,普通钢筋应避让波纹管(见图3.4.2-3)。

图3.4.2-1　预应力筋冷割　　　　　　　　图3.4.2-2　波纹管用U形定位筋

(4)金属波纹管宜采用厚度不小于0.35mm的镀锌冷轧薄钢带卷制,其性能和质量应符合现行行业标准的规定。安装波纹管前,应检查波纹管压轮是否咬合紧密。金属波纹管的连接管宜采用大一级直径的同类管道,其长度宜为被连接管道内径的5~7倍,且连接处宜用密封胶带封口,确保不漏浆。

(5)塑料波纹管宜以高密度聚乙烯树脂(HDPE)或聚丙烯(PP)为主要原料经热熔挤出成型,壁厚、环刚度等应满足有关要求。接头方式应根据实际情况选用,宜采用专用焊接机进行热熔焊接或采用具有密封性能的塑料结构连接器连接,当采用真空辅助压浆工艺进行孔道压浆时,管道的所有接头应具有可靠的密封性能,并应满足真空度的要求。

(6)浇筑混凝土之前,圆形波纹管宜预穿芯棒(见图3.4.2-4),扁波纹管宜穿入数根小芯棒,防止波纹管在浇筑时挤压变形、漏浆,芯棒应在混凝土初凝后及时抽出。

图3.4.2-3　普通钢筋避让波纹管　　　　　　图3.4.2-4　波纹管设置内衬管

(7)焊接钢筋时,应做好波纹管的保护工作,如在管道上覆盖湿布,防止因焊渣灼穿管壁而发生漏浆、堵管。

(8)对于多向预应力构件,如各向管道有交叉接触,须在接触处采取有效的管道保护措施,防止穿束时造成穿孔,导致先行压浆的管道浆液进入未穿束的管道内。

4)压浆材料

(1)压浆材料宜采用专用压浆料或专用压浆剂配制的浆液进行压浆。

(2)不得采用以铝粉为膨胀源的膨胀剂或总碱量0.75%以上的高碱膨胀剂。

3.4.3 预应力混凝土浇筑

(1)浇筑混凝土时,宜根据结构的不同形式选用插入式、附着式或平板式等振动器进行振捣。对箱梁腹板与底板及顶板连接处的承托、预应力筋锚固区以及其他钢筋密集部位,应采取有效措施加强振捣。

(2)浇筑混凝土时,对先张构件应避免振动器碰撞预应力筋;对后张构件应避免振动器碰撞预应力筋的管道、预埋件等,并应经常检查模板、管道、锚固端垫板及支座预埋件等,保证其位置及尺寸符合设计要求。

(3)浇筑箱形梁段混凝土时,宜一次浇筑完成;现浇箱形梁因梁身较高等原因必须分次浇筑时,可分两次浇筑,但应进行专项施工方案验算并评审通过。

(4)腹板混凝土的分层厚度应不大于300mm,插入式振动器宜快插慢拔,移动距离不应超过其作用半径的1.5倍,与侧模的距离应保持50~100mm,且插入下层混凝土的深度宜为50~100mm,每点振动时间约为20~30s,对前后两次的混凝土交接处应加强振捣,防止形成明显接缝。

(5)浇筑混凝土时,应随混凝土浇筑的进行分阶段制作试件,不应一次全部做完。用于判断现场预应力混凝土结构或构件强度和弹性模量的试件,应置于现场与结构或构件同环境、同条件养护(见图3.4.3)。

3.4.4 施加预应力

1)施加预应力所用的机具设备及仪表应由专人使用和管理,并应定期维护和校验。千斤顶与压力表应配套校验、配套使用,以确定张拉力与压力表之间的关系曲线,标定应在经国家授权的法定计量检定机构定期进行。

2)施加预应力的准备工作应符合下列要求:

(1)作业人员应持相应工种操作证;锚具应安装正确,并配备与钢绞线、锚具、千斤顶相匹配的限位板。

(2)预应力钢绞线在千斤顶穿心孔内应顺直,锚具锥孔内不得有污物。

(3)张拉前应检查张拉设备性能是否正常,千斤顶、锚具、夹具、限位板等是否对准

图3.4.3 混凝土试件同条件养护

良好。

(4)更换过油管的千斤顶,在张拉操作前应在行程的 1/8～7/8 往返运行 3 次以上,以排除顶内空气,直至无爬行、跳动方可进行张拉。

(5)工作锚夹片与工具锚夹片不得混用,工作锚不得重复使用,工具锚的夹片应保持清洁,同时和锚具的锥形孔之间应保持良好的润滑状态。

3)张拉应力控制应符合下列要求:

(1)预应力筋的张拉控制应力应符合设计要求。当设计文件中未计入锚圈口预应力损失时,施工中应予以考虑,调整后的张拉控制应力不得超过设计规定的最大张拉控制应力。

(2)施工前应根据张拉工艺要求、实际使用材料参数,对预应力筋的张拉力与伸长量进行相应的修正,以保证预应力施加正确。

(3)预应力筋采用应力控制方法张拉时,应以伸长值进行校核,实际伸长值与理论伸长值的差值应符合设计要求(理论伸长值的计算应考虑工作长度的影响),设计未规定时,其偏差应控制在 ±6% 以内,否则应暂停张拉,待查明原因并采取措施予以调整后,方可继续张拉。

(4)特大桥或特殊结构,应对锚圈口及孔道的摩阻损失进行测定,张拉时予以调整。

(5)预应力筋的锚固,应在张拉控制应力处于稳定状态下进行。锚固阶段张拉端预应力筋的内缩量,应不大于规定要求。

4)张拉施工应符合下列要求:

(1)压力表应选用防振型,表面最大读数应为张拉力的 1.5～2.0 倍,精度应满足要求。

(2)张拉前应采用高压水冲洗管道,并采用高压空气吹除积水,同时应检查管道是否通畅。

(3)张拉应按设计规定的顺序,分批、分阶段、对称地进行。张拉前应在钢绞线上做记号,防止滑丝。张拉过程中发现异常,如断丝或滑丝、回缩量超标、伸长量超过 ±6% 和异响等,应及时停止张拉,查找原因,排除问题。

5)张拉程序应按设计要求进行,当预应力筋为低松弛钢绞线且采用夹片式等具有自锚性的锚具,设计未规定时,张拉程序为:0→初应力→2×初应力→σ_{con}(持荷 5min 锚固)。如设计未考虑锚圈口摩阻损失,在正式张拉前应调整千斤顶张拉力。采用钢板尺测量"初应力→2×初应力"阶段的伸长值 L_1 和"2×初应力→σ_{con}"阶段的伸长值 L_2,总伸长量 $= 2 \times L_1 + L_2$。

3.4.5 预应力智能张拉系统

预应力智能张拉是指桥梁结构预应力利用计算机智能控制技术,通过仪器自动操作,完成钢绞线的张拉施工(见图 3.4.5-1、图 3.4.5-2)。其具有以下优点:

(1)智能张拉依靠计算机运算,能精确控制施工过程中所施加的预应力力值,系统中设置在张拉力下降超过1%时,张拉各阶段自动补张拉至规定值,因此能将张拉力误差范围控制在±1%。

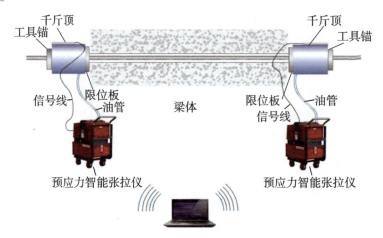

图 3.4.5-1　系统示意图

（2）系统传感器实时自动采集钢绞线伸长量数据,反馈到计算机,自动计算伸长量,及时校核伸长量,与张拉力同步控制,实现真正"双控"。

（3）控制系统按规范要求设定加载速率、停顿点和持荷时间等张拉过程,排除人为、环境因素影响;同时可缓慢卸载,避免冲击损伤夹片,减少回缩量,且可准确测定实际回缩量。

（4）一台计算机控制两台或多台千斤顶同时、同步对称张拉,实现"多顶两端同步张拉"工艺。

图 3.4.5-2　智能张拉操作现场

3.4.6　先张法施工

（1）先张法的台座应进行专门设计（见图3.4.6-1）,应具有足够的强度、刚度和稳定性,其抗倾覆安全系数应不小于1.5,抗滑移系数应不小于1.3。

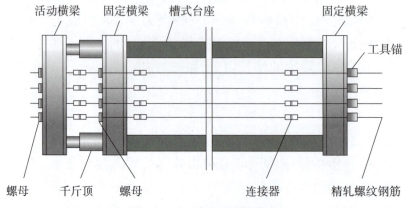

图 3.4.6-1　先张法张拉台座

(2)锚固横梁应具有足够的强度、刚度和稳定性,受力后挠度应不大于2mm。

(3)先张法预应力筋宜整体张拉(见图3.4.6-2),整体张拉前应先调整单根初应力,使之相互之间应力一致。

(4)预应力筋放张时构件混凝土的强度和弹性模量(或龄期)应符合设计规定;设计未规定时,混凝土的强度应不低于设计强度等级值的80%,弹性模量应不低于混凝土28d弹性模量的80%。

(5)放张前应将侧模、翼缘模板和内模板拆除。

(6)放张顺序应符合设计规定,设计未规定时,应按照分阶段、均匀、对称、相互交错的原则进行放张。

(7)长线台座上预应力筋的切断应由放张端开始,依次向另一端进行。

图3.4.6-2 先张法张拉

3.4.7 后张法施工

(1)预应力筋宜在混凝土浇筑之后穿入孔道;当混凝土采用蒸汽养护时,严禁在养护结束前穿入预应力筋。

(2)施工中应采取塑料布等对露出构件预应力管道外的预应力筋进行覆盖、包裹,且应避免雨水或养生用水进入预应力管道,防止钢绞线污染或锈蚀(见图3.4.7)。

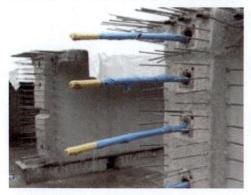

图3.4.7 包裹保护钢绞线

(3)预应力筋应先编束,宜每隔1.0~1.5m绑扎一道,对每根预应力筋的首尾部应进行编号(每根预应力筋两端的编号应相同)。然后整束穿入管道,保证预应力筋的顺直、不扭转、相互平行。穿束前宜采用通孔器疏通预留管道,穿束安装时应严格控制每根预应力筋的相对位置(两端对应、平行)。

(4)张拉时,结构或构件混凝土的强度、弹性模量应符合设计规定,设计未规定时,强度应不低于设计强度等级值的80%,弹性模量应不低于混凝土28d弹性模量的80%。

(5)张拉后切割钢绞线时不得损伤锚具,预应力筋切割后的外露长度不应小于30mm,且不应小于1.5倍预应力筋直径。锚具长期外露时,应采取防止锈蚀的措施。

3.4.8 封锚及后张法孔道压浆施工

1)预应力筋张拉完毕48h内应完成压浆。工地试验室应对专用压浆材料加水进行试配,专用压浆料或专用压浆剂应按其使用说明配置压浆浆液。压浆浆液应采用转速不低于1 000r/min的高转速搅拌机(见图3.4.8-1)进行搅拌(有条件时宜采用转速不低于1 400r/min的搅拌机)。

2)宜采用带排气阀的压浆嘴进行压浆施工,压浆嘴与排气孔阀(管)应按设计要求埋设安装;当设计未作要求时,压浆嘴宜安装在需压浆结构物的进口端下部或预应力管道较低的部位;排气孔阀(管)宜安装在待压浆结构物的上部或预应力管道较高的部位;压浆嘴与排气孔阀(管)应与预应力管道同步安装埋设。

图3.4.8-1 高转速搅拌机

3)压浆前应采用压力水冲洗预留孔道内的杂物,并应观测预留孔道有无串孔现象,再采用空压机吹除孔道内的积水。

4)压浆顺序:对下层孔道宜先压注;对曲线孔道和竖向孔道应从最低点的压浆孔压入,并由最高点的排气孔排气和泌水。

5)压浆应采用活塞式压浆泵进行,压浆前应先将压浆泵试开一次,运转正常并能达到所需压力时,方可正式压浆,压浆时压浆泵的压强宜保持在0.5~0.7MPa。

6)孔道压浆后,应立即将梁端的浆液冲洗干净,同时应清除支承垫板、锚具及端部混凝土的污垢。压浆完成后,所有进出浆口均应予以封闭,直到浆液终凝前,所有塞子、盖子或气门均不得移动或打开。鼓励采用先进技术对孔道压浆密实度进行检测。

7)采取真空辅助压浆工艺时应符合下列规定:

(1)施工流程,见图3.4.8-2。

(2)锚头处应采用C50以上细石混凝土或环氧砂浆类材料封锚(见图3.4.8-3);采用混凝土封堵时应保证锚具外侧有50~70mm以上的封堵厚度,并应在浇筑混凝土48h后方能压浆,以防压浆抽真空时漏气或漏浆。

(3)压浆前,应清理锚垫板上的水泥浆和其他杂物,保证表面平整,预留孔道及孔道两端应保证其气密性。在正式开始真空辅助压浆前,应采用真空泵试抽真空;波纹管应具有一定刚度,防止抽真空过程中孔道瘪凹。

(4)孔道内的真空度宜稳定在-0.06~-0.1MPa,保持真空泵在启动状态,开启压浆端阀门,将拌制好的浆液向孔道压注,直至与压浆口相同稠度的浆体从出浆端连接

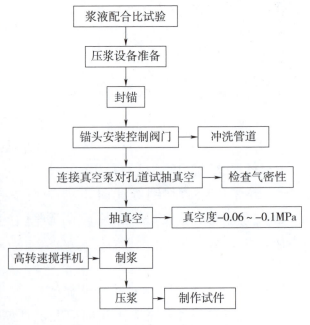

图3.4.8-2 真空辅助压浆施工流程图

的透明管中排出。

(5)压浆完成后,应立即清洗连接至真空泵的透明管,以便下次压浆观察。

8)采取普通压浆工艺时应符合下列规定:

(1)锚具外面的预应力筋宜采用环氧树脂砂浆或水泥浆填塞,防止冒浆而损失灌浆压力。

(2)压浆作业应连续进行,若中间停止时间超过40min应将剩余的浆液废弃,并彻底清洗压浆设备。

(3)浆液压注工作应连续进行,并使出口处冒出废浆,直至出浆口冒出的废浆稠度与压注的浆液相同,此时关闭出浆口,持荷3～5min。

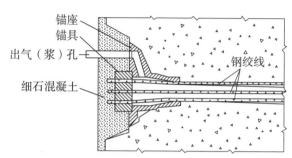

图3.4.8-3 细石混凝土封锚

3.4.9 封端施工

(1)封端之前应清理梁端面锚具,并凿毛梁端面,按设计要求绑扎、焊接钢筋或钢筋网片。设伸缩装置的梁端封端时,应严格按设计要求设置伸缩装置的预埋件。

(2)预制梁板的封端应在梁板安装前进行,封端模板应固定准确,立模后应校核梁长,其长度应符合规定。

(3)封端混凝土的配合比及强度要求应与梁体混凝土完全相同。

(4)封端混凝土应认真振捣,保证锚具处的混凝土密实。混凝土浇筑完后宜静置1～2d,带模浇水,养护不少于7d。

3.5 安全施工

3.5.1 钢筋加工机械的安装应坚实、牢固,保持水平位置,室外作业应设置机棚。

3.5.2 加工较长的钢筋时应有专人帮扶,帮扶人员应听从操作人员指挥。作业后应堆好成品、清理场地、切断电源、锁好开关箱。

3.5.3 电焊作业棚应采用防火材料搭设、配备灭火器材,棚内严禁堆放易燃易爆物品。电焊作业人员应持证上岗,按规定穿戴防护用品。

3.5.4 各种气瓶应有标准色,气瓶间距应不小于5m,距明火应不小于10m且采取隔离措施。气瓶的使用或存放应符合要求,应有防震圈和防护帽。

3.5.5 模板的安装或拆除应按照施工方案规定的方法、程序进行,必要时应设置临时支撑以防倾覆,拆除时严禁抛扔;操作人员上下应走人行梯道,严禁利用模板支撑攀登上下;不得硬撬模板,防止作业人员失稳坠落;作业时应设警戒区,派专人监护。

3.5.6 支架基础应平整、坚实、不积水,应满足支架荷载设计值的要求。宜采用碗扣式或扣件式钢管支架搭设,支架下方宜设方木垫板或现浇混凝土。支架荷载不得超过设计规定,施工临时荷载应堆放均匀,有积雪、杂物应及时清理。支架上荷载的加载顺序和重量应与施工方案一致。

3.5.7 支架拆除作业时,应由上而下逐层拆除,严禁上下多层交叉作业,拆除过程中凡已松开连接的杆件、配件应及时拆除运走,避免误扶误靠。应保证未拆除部分支架的稳定,必要时应加设临时支撑固定,确保拆除安全。

3.5.8 碗扣式和扣件式钢管支架搭设和拆除应满足《建筑施工碗扣式钢管脚手架安全技术规范》、《建筑施工扣件式钢管脚手架安全技术规范》的要求。

3.5.9 混凝土搅拌时严禁将头、手伸入料斗与机架之间,不得将手、工具或物体伸进搅拌机滚筒。

3.5.10 混凝土浇筑现场应有专人指挥,分工明确。振动器应经电工检查,确认无漏电后方可使用;施工人员不得直接在钢筋上踩踏、行走;向模板内浇筑混凝土时,作业人员之间应协调配合。

3.5.11 垂直运输时应明确联系信号,采用吊斗浇筑混凝土时吊斗下面严禁站人。

3.5.12 混凝土浇筑过程中应密切注意模板、支架情况,如有变形或沉陷应立即校正或加固。

3.5.13 在钢绞线拆封前,宜将整捆的钢绞线吊放在建筑钢管制成的框架中(或用钢筋焊接制成的笼中),然后拆盘下料,防止钢绞线在下料时伤人。

3.5.14 张拉作业的平台及施工架应搭设坚实牢固,预应力张拉油管应检查有无裂纹、接头是否牢靠,高压油管接头应加防护套。油泵运转不正常时应立即停止检查,在有压情况下,不得随意拧动油泵或千斤顶各部位的螺栓。高处进行张拉作业时,作业人员必须在符合安全标准的脚手架或操作平台上进行作业,无临边防护或悬挂吊篮作业时,作业人员必须系好安全带。

3.5.15 张拉作业时,千斤顶后方应设置挡板,应同时具备消能功能和阻挡功能,宜采用钢板或砖墙防护,挡板应距离所张拉预应力筋端部1.5~2.0m,高出最上一组预应力筋

0.5m,宽度距预应力筋外侧各不小于1m。千斤顶后方危险区严禁人员滞留、穿行。先张法梁张拉时严禁任何人员横跨台座。

3.5.16 先张法梁预应力筋张拉后,后续施工时应采取措施保护预应力筋,已张拉的预应力筋上严禁站人,尽量不使用电焊、氧割和带刀口的工具,特殊情况下使用时必须对附近的预应力筋采取保护措施(如用湿布覆盖)。

3.5.17 压浆工作人员应穿雨鞋,戴防护眼镜、口罩和安全帽等防护用品。

3.6 环境保护

3.6.1 细集料、粗集料、水泥等材料应按《高速公路施工标准化技术指南 第一分册 工地建设》的规定存放,减少扬尘。

3.6.2 千斤顶、油泵、机械设备应定时保养,防止油污泄漏。

4 桥梁基础

4.1 灌注桩

4.1.1 一般规定

(1)灌注桩应由专业队伍进行施工。

(2)施工前测量放样应已完成,并经监理工程师检验合格。

(3)应熟悉和分析施工现场的地质、水文相关资料、施工现场环境,排查施工区域内的地下管线(管道、电缆)、地下构筑物、危险建筑等的分布情况。

(4)进场前应清除坡面危石浮土,坡面有裂缝或坍塌迹象者应加设必要的保护,铲除松软的土层并夯实。钻孔桩开钻前应对施工现场进行整平,施工地点应比四周原地面稍高,便于排浆和保持现场清洁。对施工现场进行平整时,宜以施工中用到的最大机械为参考,应满足钻机就位、吊放钢筋笼以及混凝土运输的要求。

(5)泥浆制备材料(如膨润土等)已进场,钻孔前应完成泥浆循环系统的设置,拌制的泥浆应经检验且符合规范的要求。如有条件宜配备泥浆处理器。

(6)应按照设计资料提供的地质剖面图,选用适当的成孔方式以及钻机和钻头;钻机就位前,应对钻机坐落处进行平整和加固,并应对主要机具的安装、配套设备的就位及水电供应等各项准备工作进行检查。

(7)旋挖钻机宜用于平地、地基强度较高位置的钻孔,且施工地点附近应没有高压线;当用于支架平台上钻孔时,应对支架平台进行专门设计。

(8)浅水区域的灌注桩在征得河道、水务等部门的同意后,可采用筑岛法施工。较深水域的灌注桩施工应搭设操作平台,平台宜采用钢管桩搭设,横梁可采用型钢或桁架等。钢管桩可采用锤击、振动等方式沉入,并应保证其承载力和稳定性;横梁可采用焊接或栓接等方式与桩连接。平台应高于施工期间最高水位1m左右,并应保证其具有足够的强度、刚度和稳定性。对汛期水流冲击力较大的河段,应采取措施增强平台的抗冲击力,如打斜桩、增大桩的直径或加强横向联结支撑等。

(9)对于溶洞地区,应详细掌握溶洞出现的桩号、范围的大小,针对每个桩位地质资料,结合设计提出施工方案;钻机支撑点应远离桩位,且钻机应用"八"字缆风绳拴拉;应配备处理施工故障的备用机具设备,并应根据溶洞发育情况,备足袋装黏土、片石、袋装水泥等应急材料;在合适位置设置大泥浆池备足泥浆和泥浆泵,确保溶洞钻穿时迅速补浆,防止塌孔。

（10）对工程地质、水文地质或技术条件特殊复杂的钻孔灌注桩,宜在施工前进行工艺试桩,获得相应的工艺参数后再正式施工。

4.1.2 施工流程

施工流程见图4.1.2。

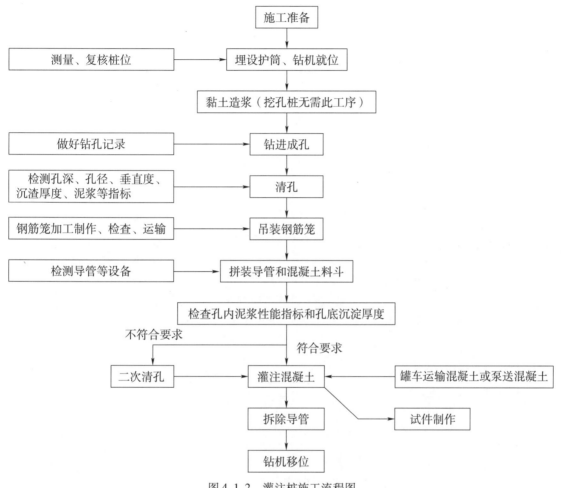

图4.1.2 灌注桩施工流程图

4.1.3 灌注桩施工

1）护筒设置

（1）施工场地或工作平台的选择和设置,应充分考虑施工期间当地的水文情况。陆上或浅水区筑岛处的护筒,其内径应大于桩径至少200mm,护筒的埋置深度宜为2~4m,在水中或特殊情况下应根据设计要求或桩位的水文、地质情况经过计算确定。

（2）陆上钻孔桩可直接放出桩中心,依据桩中心在四周施放护桩后再埋设护筒;需搭设水上平台的钻孔桩应先对护筒导向架进行精确放样。

（3）钢护筒在普通作业场合及中小孔径的条件下,宜采用厚度不小于6mm厚的钢板卷制;在深水、复杂地质及大孔径等条件下,应采用厚度不小于10mm的钢板卷制。必要时,可在护筒上下端和接头外侧焊加劲肋,增加其刚度。

（4）对于大型溶洞、半填充的溶洞、溶洞上方覆盖层为淤泥或较厚的粉细砂层,为防止泥浆流失,造成孔壁坍塌,采取护筒跟进的方法。钢护筒就位后,应采用灌混凝土、碎石、块状黏土,注浆等方法,封堵护筒脚、护筒之间、护筒与孔壁之间的空隙。

2)挖孔桩的洞口应进行硬化处理,硬化后应在洞口砌高于原地面不小于300mm的井圈,同时应在孔口四周开挖截水沟、排水沟,阻止地表水进入。

3)泥浆的循环和净化处理

(1)对深水桩的泥浆循环和净化,宜在岸上设泥浆池,制造或沉淀净化泥浆,必要时应配备泥浆船,用于储存、循环、沉淀泥浆。

(2)对旱地桩的泥浆循环和净化,其制浆池和沉淀池的大小宜视桩径、桩长及钻机型号而定,且应有一定富余。

(3)施工过程中应及时清理泥浆池中的沉淀。

4)钻机种类及适用范围,见表4.1.3-1。

成孔方式(钻机种类)及适用范围　　　　表4.1.3-1

序号	钻孔机具	适用范围			
		土层	孔径(cm)	孔深(m)	泥浆作用
1	正循环回转钻机	黏性土、细粒土、砂类土、卵石粒径小于2cm,含量少于20%的卵石土、软岩	80～300	30～100	悬浮钻渣,并护壁
2	反循环回转钻机	细粒土、砂类土、卵石粒径小于钻杆内径2/3,含量少于20%的卵石土、软岩	80～250	泵吸<40,气举150	护壁
3	冲抓锥	淤泥、细粒土、砂类土、砾类土、卵石土	80～200	30～50	护壁
4	冲击实心锥	各类土层	80～200	100	短程浮渣,并护壁
5	冲击管锥	淤泥、砂类土、砾类土、松散卵石土	60～150	100	短程浮渣,并护壁
6	旋挖钻机	淤泥、细粒土、砂类土	80～200	30～80	护壁
7	挖孔灌注桩	无地下水或少地下水,密实土层或风化岩	80～200	25	不需泥浆

图4.1.3-1　回旋钻机施工

5)成孔施工应符合下列规定:

(1)正循环回旋钻(见图4.1.3-1)

①首先应将钻机调平并对准桩位,装上转盘,转盘中心与钻架上的起吊滑轮应在同一铅垂线上,钻杆位置的偏差不得大于20mm。在钻进过程中,应随时检查钻机底座的水平状态,以及钻杆中心位置的准确性,防止发生偏孔或斜孔等现象。

②初钻时,应先启动泥浆泵和转盘,使之空转一段时间,待泥浆输进钻孔中一定数量

后,方可开始钻进。接、卸钻杆的动作应迅速,尽快完成。

③开始钻进时,进尺应适当控制,应低挡慢速钻进,钻至护筒底口下1m后,可根据土质情况正常钻进。

④在黏质土中钻进时,宜选用尖底钻锥、中等转速、大泵量、稀泥浆钻进;在砂类土或软土层钻进时,宜选用平底钻锥,控制进尺、轻压、低挡慢速、大泵量、稠泥浆钻进;在低液限黏土或卵、砾石夹土层中钻进时,宜采用低挡慢速、优质泥浆、大泵量钻进。

⑤在钻孔阶段应始终保持孔内水位高于护筒底口0.5m以上,同时孔内水位高度应高于地下水位1m以上。

⑥钻孔过程中应严格控制泥浆相对密度,注意地层变化情况,经过不同地层时应适时调整泥浆。

(2)反循环回旋钻

①接长钻杆时,法兰接头之间应垫3～5mm厚的橡胶圈,拧紧螺栓,防止漏气、漏水;钻头距孔底约200～300mm,注入泥浆,启动钻机时,应慢速开始钻进。

②在硬土层中钻进时,宜采用低挡转速,自由进尺;在高液限黏土、含砂低液限黏土中钻进时,宜采用中挡转速,自由进尺;在砂类土或含少量卵石中钻进时,宜采用中、低挡转速,并控制进尺;在进入岩层后,必要时应根据地质情况增加配重,增强钻头的稳定和钻进速度。

③长桩施工时,应根据不同土层、不同的钻孔深度采用不同的钻压、转速、配重、进尺速度及泥浆指标。

(3)冲击钻

①开钻时应先在孔内灌注泥浆,如孔内有水,可直接投入黏土,以小冲程反复冲击造浆。

②开孔及整个钻进过程中,应始终保持孔内水位高出地下水位1.5～2.0m,并应低于护筒顶面0.3m,掏渣后应及时补浆。

③冲击钻钻头直径应不小于设计桩径,宜采用重锤低击的施工工艺。在淤泥层和黏土层冲击时,应采用中冲程(1.0～2.0m)冲击;在砂层冲击时,应添加小片石和黏土采用小冲程(0.5～1.0m)反复冲击,以加强护壁;在漂石和硬岩层时应更换重锤中冲程(1.0～2.0m)冲击,如表面不平整,应先投入黏土、小片石将表面垫平,再冲击钻进,防止斜孔、坍孔;在石质地层中冲击时,如果从孔口浮出的石子钻渣粒径在5～8mm,表明泥浆浓度合适,如果浮出的钻渣粒径小又少,表明泥浆浓度不够,应从制浆池抽取合格泥浆进入循环。

④冲击钻进时,操作手应随进尺快慢及时放主钢丝绳,严禁打空锤。一般情况下在松软土层每次可松绳50～80mm,在密实坚硬土层每次可松绳30～50mm。施工中宜在钢丝绳上作长度标志,准确控制钻头的冲程。

⑤施工溶岩桩时,当钻机钻至洞顶0.5～1.0m时,应加大泥浆相对密度及稠度,并缩小冲程,逐渐将洞顶击穿,以防止卡钻。在击穿洞顶之前,应有专人观测护筒内泥浆面的变化,一旦泥浆下降,应迅速补浆。

⑥对于大型溶洞或多层溶洞,为防止其与相邻孔串孔或成孔后孔型有葫芦状,宜灌注

低强度等级混凝土进行填充或注浆(水泥浆、水泥砂浆、加速凝剂水泥浆)预处理,冲击成孔应在预处理达到一定强度后(一般需10d左右)进行。

(4)挖孔桩

①护壁

在土质条件下,应设混凝土护壁以确保施工安全。采用等厚度混凝土支护方法(见图4.1.3-2),桩身每挖深1m,应支模浇筑护壁混凝土,厚度宜控制在100～150mm,强度不应低于孔桩混凝土强度等级,护壁高度应高出原地面不少于60cm,以防杂物或流水进入孔中。

图4.1.3-2 挖孔桩混凝土护壁

遇到有特别松散的土层或流沙层时,可采用钢护筒作为护壁,防止土壁坍落及流沙事故,钢护筒可采用振动锤振动下沉,待穿过松软土层或流沙层并嵌入岩石或坚硬土层1.0～1.5m后,再按一般方法边挖掘边浇筑混凝土护壁。土质较差时应采用钢筋混凝土护壁。

挖孔时如有水渗入,应及时支护孔壁,防止水在孔壁流淌浸泡,造成坍孔,如孔内水量较大时应及时抽水。

②爆破

孔内遇到岩层需爆破时,应按专项施工方案打眼放炮,且宜采用浅眼松动爆破法,以松动为主。爆破时应严格控制炸药用量,并应在炮眼附近加强支护,最后0.3m深度范围应采用风镐开挖至孔底。

打眼放炮必须采用电雷管引爆,严禁裸露药包。对于软岩石,炮眼的深度宜不超过0.8m,硬岩石宜不超过0.5m。炮眼的数量、位置和斜插方向应按岩层断面方向确定,中间一组集中掏心,四周斜插挖边。

经过几轮次的爆破后,应总结炮眼布置的朝向及用药量的数据,确定最佳爆破方案。孔内放炮后应立即排烟,并经检查孔内无有害气体后,人员方可下孔施工。

③挖孔及终孔检验

桩孔开挖时,应先开挖桩孔中间部分的土方,然后向周边扩挖。桩孔开挖的范围应为设计桩径加护壁厚度,分段开挖的节段高度应根据土质的不同情况确定。在土质较好的情况下,约1m为宜;当土层坚硬,不致坍陷时可加大到1.5m;当土层松软,如细砂土或含水率大的黏土,开挖节段高度宜减小至0.4～0.6m。应控制好桩孔截面尺寸,每一节段开挖完成后,应检查桩径尺寸、平面轴线位置和倾斜度情况,符合设计和规范要求后,应立即安设模板,浇筑护壁混凝土。

在挖孔过程中,应经常检查桩径尺寸、平面位置和倾斜度。挖孔掘进和护壁这两道工序必须连续工作,尽量不停顿,以防坍孔。出渣时卷扬机应慢速提升。

挖孔时应随进度做好地质记录,核对与设计地质资料是否相符,为确定终孔高程提供依据。对有渗水的桩孔还应测定渗水量的大小,相应确定混凝土的灌注方法。

(5)旋挖桩(见图4.1.3-3)

①开钻前,应先造浆,控制泥浆性能指标,钻孔时应向孔内注入泥浆。在开孔及整个钻进过程中,应始终保持孔内水位高出地下水位1.5~2.0m,并低于护筒顶面0.3m。在不同土层钻进时泥浆相对密度应相应调整。

②若施工地质条件稳定,可采用干挖法进行钻孔。

③钻孔作业时应先慢后快,开始每次进尺宜为400~500mm,确认地下是否有不利地层,进尺5m后如钻进正常,可适当加大进尺,每次控制在700~900mm。

图4.1.3-3 旋挖机施工

④对不同的地质情况,宜采用不同的钻进速度和钻压,在黏土层、砂层等一些松软地层应采用低压快速钻进,在卵石土、风化岩等坚硬地层应采用高压慢速钻进,钻进时应经常检查钻具,防止钻具损坏发生掉钻事故。

⑤应适当控制回转斗的提升速度,提升过慢影响工效,提升过快泥浆在回转斗与孔壁之间高速流过,冲刷孔壁,破坏泥皮,对孔壁的稳定不利,容易引起坍塌。

6)成孔过程及终孔后的检验应符合下列规定:

(1)钻孔灌注桩在成孔过程中和终孔后,应对钻孔进行阶段性的成孔质量检验,且宜采用专用仪器检测。钢筋检孔器仅可用于对中、小桥梁工程桩孔的检测,检孔器外径等于桩孔直径、长度宜为孔径的4~6倍。

(2)挖孔达到设计深度后应进行孔底处理,应做到孔底表面无松渣、泥、沉淀土,其他灌注桩施工钻孔完毕后可采用测绳测定孔深。

(3)孔深、孔形、孔径等经检验合格后进入清孔阶段(挖孔桩、旋挖钻干挖成孔可不清孔)。

7)清孔施工应符合下列规定:

(1)成孔检查合格后应进行清孔,并应清除护筒上的泥皮;钢筋笼下好、灌注混凝土前,应再次检查沉淀层厚度、泥浆指标,如超过规定值应进行二次清孔,符合要求后应立即灌注混凝土。

(2)正循环钻机、冲击钻机、旋挖钻机成孔宜采用换浆法清孔,反循环钻机成孔宜采用抽渣法清孔,不论采用何种方式清孔都应及时向孔内注入相对密度合适、含砂率低、稠度较好的泥浆,不得采用加大孔深的办法替代清孔。

8)钢筋骨架的加工及就位应符合下列规定:

(1)钢筋骨架应在钢筋加工场制作,制作好的钢筋骨架应平整垫放。有条件时钢筋骨架宜采用自动滚焊机加工(见图4.1.3-4)。

(2)钢筋骨架应每隔2.0~4.0m设置临时十字加劲撑,以防变形;加强箍筋应设在主筋的内侧,螺旋箍筋应在主筋的外侧,并应与主筋绑扎或点焊。

(3)每节骨架均应有半成品标志牌,标明品名、钢筋产地、规格型号、检验状态、使用部位、报告编号。

(4)钢筋骨架宜采用扁担梁辅助起吊(见图4.1.3-5),第一节钢筋骨架吊起放入孔内过程时,拆除第一节钢筋骨架临时十字加劲撑,在钻机上用型钢穿过加劲箍筋挂住钢筋骨架,并应保证型钢水平和钢筋骨架垂直。吊放第二节钢筋骨架与第一节对准后应对主钢筋进行机械连接或焊接连接,施工完螺旋筋后再下放钢筋骨架,如此依次进行。下放钢筋骨架时,应缓慢均匀,并应根据下放深度,随时调整钢筋骨架入孔的垂直度,应避免其倾斜及摆动。

图4.1.3-4 钢筋笼自动滚焊机

图4.1.3-5 钢筋骨架吊装

(5)每吊放一节钢筋骨架应拍照存档,作为资料保存,拍照时现场旁站监理应举牌站在钢筋骨架旁,拍照范围应包括钢筋骨架、旁站监理和合格牌。合格牌尺寸宜为500mm×500mm,合格牌内容见表4.1.3-2。

钻孔灌注桩钢筋骨架隐蔽检查合格牌　　　　表4.1.3-2

桥　　名	××××大(中、小)桥
桩位编号	第××跨左(右)-××
本节钢筋骨架长	×××m
钢筋骨架节数	第×××节/共×××节
日期、时间	××××年××月××日××时××分
旁站监理签字	×××

(6)最顶上一节钢筋笼骨架顶面宜增设一道加强箍筋,防止安装过程钢筋骨架顶面出现较大变形,保证钢筋骨架的定位准确。吊挂钢筋骨架的吊环应采用未经冷拉的热轧光圆钢筋制作。钢筋骨架下放到位后,应对其顶端定位并固定,防止灌注混凝土时钢筋骨架偏移、上浮。

9)灌注桩混凝土的灌注施工应符合下列规定:

(1)挖孔桩孔内无积水,或从孔底和孔壁渗出的地下水上升速度较小(<6mm/min)时,可直接采用串筒进行干灌浇筑;当从孔底和孔壁渗出的地下水上升速度较大

(≥6mm/min)时,应按水下混凝土的要求进行灌注。

(2)灌注水下混凝土时,导管的直径宜按桩长、桩径和每小时灌注的混凝土数量确定,或按表4.1.3-3选用;导管的壁厚应满足强度和刚度的要求,确保混凝土安全灌注。严禁采用外法兰盘接长导管,防止导管与钢筋骨架之间挂带。

导管直径表 表4.1.3-3

导管直径(mm)	通过混凝土数量(m³/h)	桩径(m)
200	10	0.6~1.2
250	17	1.0~2.2
300	25	1.5~3.0
350	35	>3.0

(3)导管在使用前和使用一段时期后,应对其规格、质量和拼接构造进行认真检查,并做拼接、过球、水密承压(见图4.1.3-6)、接头抗拉等试验,经常更换密封圈。

(4)灌注过程中,导管的埋置深度宜控制在2~6m。对于溶岩桩,水下混凝土灌注前应考虑扩孔及填充溶洞的需要,多准备混凝土,并适当加大溶洞导管埋深(6~8m为宜),以避免溶洞护壁塌陷,桩孔内混凝土充填溶洞,引起混凝土面急剧下降而导致导管口露出混凝土面产生断桩事故。

(5)水下混凝土的强度、和易性、坍落度等应符合设计和规范的要求。拌和站应有足

图4.1.3-6 导管水密承压试验

够的生产能力,灌注时间不得长于首批混凝土的初凝时间;对灌注时间较长的桩,应对混凝土的初凝时间进行特别设计。

(6)灌注前应检查拌和站、料场、灌注现场的准备情况,确定各项准备工作就绪后方可进行。

(7)首批混凝土灌入孔底后,应立即测探孔内混凝土面高度,导管离孔底的高度应为20~40cm左右,导管埋置深度不应小于1m;如发现导管内进水,表明出现灌注事故,应立即进行处理。

(8)对岩溶特别发育的部位,应采取措施防止因混凝土压力增大而出现坍孔,同时应适当控制混凝土灌注速度。

(9)在安放导管过程中应注意其垂直度,钢筋骨架内径与导管外壁之间的最小间距应大于粗集料最大粒径的两倍,当灌注的混凝土顶面距钢筋骨架底部1.0m左右时,应降低混凝土的灌注速度,防止钢筋骨架上浮;当混凝土上升到骨架底口4m以上时,应提升导管,使其底口高于钢筋骨架底部2.0m以上,即可恢复正常灌注速度。灌注开始后,应紧凑、连续地进行,不得中途停顿。

(10)应加强对灌注过程中混凝土高度和混凝土灌注量的测量和记录工作,可按每灌注8m³测一次(约一罐车混凝土),对灌注施工进行控制。在进行水下混凝土灌注时,严

禁将泵车泵管直接伸入导管内进行灌注,必须经过料斗进行灌注(若将泵管直接伸入导管进行灌注,易产生混凝土离析,同时在导管内易产生高压空气囊,形成堵管)。

(11)在混凝土灌注将近结束时,应采取措施(如设置浇筑架)保证料斗内的混凝土与设计桩顶有足够高差,增加桩顶混凝土的顶升能力,最终混凝土灌注的顶面高程应比设计高1.0m以上,当存在地质较差、孔内泥浆密度过大、桩径较大等情况时,应根据首件工程总结适当提高超灌高度。在拔出最后一段导管时,拔管速度应慢,边拔边抖,以防止桩顶沉淀的泥浆挤入导管下形成泥心。

4.1.4 质量控制

(1)开工前应认真研究地质钻探资料,分析地质情况,对可能出现的流沙、管涌、涌水等不良地质等情况,应制订针对性的措施。

(2)护壁方案应符合桩孔的地质情况。

(3)所有桩基均应进行无破损检测,并按一定比例进行钻芯检验。

4.1.5 成品保护

(1)对位于软土地基路段的桩基,在软基处理施工时应留出桩位,暂不进行灌注桩的施工,待路基施工完成后方可进行灌注桩的施工,且灌注桩施工完成后施工单位和监理工程师应(特别是下道工序开始前)加强桩位的复测检查。

(2)中心距离5m以内的钻孔桩,应待相邻桩混凝土灌注完成24h,且桩顶混凝土达2.5MPa后再行钻进,避免影响已成桩的质量。

(3)深水或地质条件较差的相邻桩孔,不得同时钻进。

4.2 沉入桩

4.2.1 一般规定

(1)本节内容适用于先张法预应力管桩的施工。

(2)施工前测量放样已完成,并经监理工程师检验合格。

(3)施工前应熟悉设计图纸,认真分析施工现场的地质、水文相关资料及施工现场环境,排查清楚施工区域内的地下管线(管道、电缆)、地下构筑物、危险建筑等的分布情况。

(4)施工现场应整平,适合大型机械作业和运输车辆进出场;若地基过软,不便桩机施工,可准备路基箱。对施工现场进行平整时,应能满足沉桩机械施工的需要和管桩进场的需要。

(5)应按设计资料提供的地质图,选用适宜的沉桩方式和机械型号(如静力压桩机的型号、最大压力;锤击桩机的型号、桩锤的型号等)。根据地质条件选择合适的桩尖。

(6)施工前应进行工艺试桩和承载力试桩,确定沉桩的施工工艺、技术参数和检验桩的承载力。

4.2.2 施工流程

施工流程见图4.2.2。

4.2.3 沉入桩施工

1）桩位放样时,应根据控制网点和设计图纸的尺寸确定桩位,施工前应报请监理工程师检验。

2）桩机就位前,应对桩位处的地基进行加固,保证桩机稳定,防止断桩。就位时,应先将桩机导轨调正,使之垂直,然后再移动桩机至桩位,并利用2台经纬仪互成90°,对桩机进行观测调整。

3）沉桩可选择锤击方式或静压方式,锤击方式宜用于承载力较大桩的施工,静压方式宜用于承载力相对较小或对噪声控制较严格地区桩的施工。沉桩施工应符合下列规定。

（1）桩的吊运、堆放

①桩身混凝土强度应达到设计规定强度后方可起吊和运输。桩起吊时,应使每个吊点同时受力,使之保持平稳,保护桩身质量。

②管桩宜采用平板车运输,在运输过程中应注意使平板车保持平稳,避免振动、跳动和撞击,严禁损坏桩身,严禁在场地上直接拖拉桩体。

③PHC桩的堆放场地应平整、坚实,排水畅通。垫木与吊点的位置应相同,并应保持在同一平面上。各层垫木上下应对齐,最下层的垫木宜适当加宽。

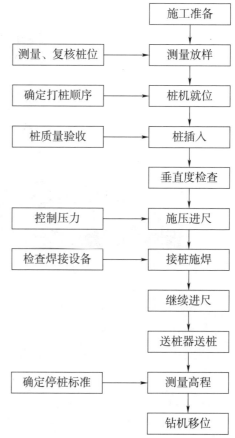

图4.2.2 沉入桩的施工流程图

④桩的堆放层数不宜超过3层,且应设置止动楔块。

（2）锤击沉桩施工（见图4.2.3-1）

①预制桩在吊放过程中应轻提缓放,桩头处宜设置桩靴。对桩位、垂直度等检查合格后方可开始沉桩,遇阻时不得强行沉桩,应及时停止,待查明原因进行相应处理后再行沉桩。

②锤击沉桩时应设置桩帽,桩帽应有足够的强度、刚度和耐打性,桩帽宜做成圆筒形,套桩头用的筒体深度宜取350～400mm,内径应比管桩外径大20～30mm。

③桩帽与桩头之间应设置弹性衬垫,衬垫可采用胶合板等材料制作,衬垫厚度应均匀,且经锤击压实后的厚度不宜小于120mm；在打桩期间应经常检查,如有损坏应及时更换或补充。

④桩帽和桩锤之间应采用竖纹硬木或盘圆层叠的钢丝绳作"锤垫",其厚度宜取150～200mm。

⑤锤击沉桩时,开始宜起锤空打(不燃烧燃料)轻压,待观测到桩身、桩架、桩锤等垂

直一致后,方可转入正常施打。开始落距应小,待入土达一定深度且桩稳定后,再将落距提高到规定的高度施打。在黏性土中沉桩时每一节桩应一次性连续打到底,接桩、送桩宜连续进行,应尽量减少中间停歇时间。

(3)静压沉桩施工(见图4.2.3-2)

图4.2.3-1 锤击沉桩

图4.2.3-2 静压管桩施工

①可利用压桩机自带的起重机吊桩。起吊过程应小心、缓慢,严防吊桩过程钢丝绳滑脱或管桩在空中晃动幅度过大而与机架等碰撞。

②夹桩器与管桩之间应有衬垫隔离,宜采用经纬仪或全站仪从两个正交方向调整桩的垂直度。

③开始压桩之前,应将起重卷扬机的起吊钢丝绳放松、吊钩脱离,且应杜绝拉断钢丝绳或拉弯起重机吊臂等事故发生。

④桩尖到达地面后,应开启纵横两向油缸移动压桩机,并应根据桩位调整管桩的位置,将桩尖对准桩位中心插正。桩尖进入土层中时,应再次复核桩位、校正垂直度,垂直度应控制在0.5%以内。调校好后方可启动压桩油缸开始压桩。

⑤压桩的起始速度宜控制在1~2m/min,入土3m后可逐渐加大静压力,将桩徐徐压下。压桩过程中应经常观测桩身的垂直度和桩顶端的挠曲度。压桩应保持连续,同一根桩中间间歇时间不宜超过半小时;如有异常情况发生,应立即停机,分析并处理好后方可开机续压。

(4)沉桩的顺序宜事先确定,一个承台中的桩宜从一边向另一边推进,或由中间向四周推进,严禁先两边后中间或先四周后中间。

4)接桩施工应符合下列规定:

(1)当前一节桩沉入后,宜在桩顶离地面500~800mm时开始接桩。接桩焊接时,应将焊接部位清除干净,露出金属光泽。

(2)同一承台中相邻两根桩的接头应错开1m以上,同一水平面内桩的接头数严禁超过总数的1/4(采用法兰盘等强度设计的接头可不受此限制)。

(3)桩接口部位如有碰损变形或经锤击后有局部变形、出现毛刺等,应修正合格后再焊接。

(4)焊接时宜先在坡口周围对称点焊4～6点,待上下桩节固定后拆除导向箍再分层施焊(见图4.2.3-3),施焊宜由两个焊工对称进行。焊接层数不得少于2层,内层焊应清理干净后方能施焊外一层,内外层焊缝接头位置应错开,焊缝应饱满连续。气温低于0℃时焊件上下100mm范围应进行预热,焊好后的桩接头应自然冷却8min,严禁采用水冷却或焊好后即施打,应避免焊缝接口变脆而被打裂。为保证焊接质量,可采用CO_2气体保护焊。

(5)最后一节桩宜由送桩器送入设计位置,不得采用桩对桩的方式将桩压入。

图4.2.3-3 管桩焊接

5)停锤(压)标准应由设计根据地质资料、施工机械型号等因素确定,且应满足规范要求,若桩尖高程比设计高程高出很多或低很多时,应及时报告设计单位,修正停桩标准。

4.2.4 质量控制

(1)管桩进场时,对桩身质量应按标准进行验收,并应由专人记录有关质量验收数据。

(2)全部沉桩过程应安排专人对桩的编号、沉桩质量、沉桩顺序等进行全面严格的监控。

(3)在施工中应严格控制桩的设计高程与水平位移。

(4)沉桩过程中应采用2台经纬仪或全站仪互成90°双向观测控制桩身的垂直度,沉桩时应做好记录。

(5)现场施工员对轴线、桩位、桩身垂直度、送桩高程等要求应严格检查复核,发现问题应及时纠正,保证工程质量。

4.2.5 成品保护

(1)管桩施工前应先对每根桩进行编号,安排好施工顺序。

(2)桩沉入后桩头高出地面的部分应小心保护,严禁施工机械碰撞或将桩头用作锚点。

4.3 扩大基础及承台

4.3.1 一般规定

(1)基坑开挖前,应熟悉施工图纸,核对现场地质水文情况是否与设计文件相符;应勘探、调查清楚基坑范围及周边地面下管线、构造物等的位置和数量,并采取必要的措施,避免造成破坏。

(2)施工前桩身完整性检测合格,测量放样应已完成,并经监理工程师检验合格。

(3)明挖地基开挖前,应对基坑边坡的稳定性进行验算,并应制订专项施工技术方案和安全技术方案。当明挖地基位于山坡上时,应对山体的稳定性进行评价,避免造成山体滑坡。当基坑顶地面较破碎或有裂缝或工程水文地质不良时,应采取临时支撑措施或其他有效措施,保证安全施工。基坑开挖需要爆破时,爆破作业的安全管理应符合现行国家标准《爆破安全规程》的规定。

(4)明挖地基较深时宜在少雨季节施工,基坑顶面应在开挖前做好防、排水设施,排水措施应有效。深基坑施工应采用坑外降水、基坑支护,防止邻近建筑物产生沉降。

(5)明挖地基开挖前应完成场地布置,出渣道路应畅通,弃土场设置应合理,四周排水系统应完善,临时电力线路、安全设施等准备就绪。

(6)基坑顶有动载时,坑口边缘与动载间的安全距离应根据基坑深度、坡度、地质和水文条件及动载大小等情况确定。

(7)基坑开挖应集中人力、物力连续作业,从开工到完成应尽量做到不停顿并快速施工,基础施工完成后应及时回填。

4.3.2 施工流程

施工流程见图4.3.2。

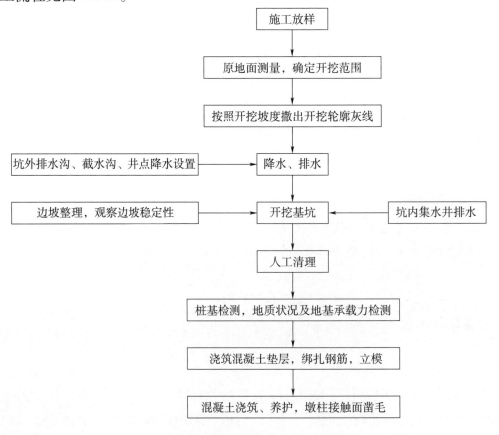

图 4.3.2 扩大基础及承台施工流程图

4.3.3 扩大基础、承台施工

1) 基坑开挖

(1) 应根据地面高程、开挖深度、结构物尺寸、边坡坡度等因素确定开挖范围,并撒出开挖轮廓线。

(2) 开挖时现场应有专人指挥,应边开挖边检查坡度和坑壁安全,发现边坡渗水,应立即处理。

(3) 弱风化岩层基底若呈倾斜形状,应凿成不小于 0.3m 的台阶。

(4) 在土质松软层进行基坑开挖前应先进行支护。基坑开挖时,应观测坡面稳定情况,当发现坑沿顶出现裂缝、坑壁松塌或遇涌水、涌沙时,应立即停止施工,加固处理后,方可继续施工。深基坑开挖时应进行基坑支护变形监测。

(5) 基坑应避免超挖,若超挖应将松动部分清除,采用碎石(土质地基)或混凝土(石质地基)回填,严禁超挖后再回填虚土。

(6) 坑底的最后 0.3m 应由人工开挖或采用小型机械开挖,确需爆破时,应采用松动爆破,以减少对原地基的扰动。

2) 基坑排水

(1) 基坑排水有坑顶排水、坑底排水和坑外排水。

(2) 基坑开挖前应先勘测地下水位,并应根据坑底高程及土质情况确定是否需要井点降水,若需井点降水,宜在开挖前两天开始降水,基坑回填完成后停止降水。

(3) 基坑开始开挖时,应在坑顶护坡道外设截水沟和排水沟,截水沟应有防渗措施。

(4) 基坑开挖完成后,在基坑底基础 0.5～1.0m 外应留有排水沟和集水井,采用水泵将渗水排出基坑。

3) 基坑检测

(1) 基坑开挖至高于设计基底高程 30cm 时,及时检测基底承载力,若承载力达不到设计要求,应根据事先制订的处治预案进行处理后,快速开挖到位,及时施工承台,以避免基底暴露时间过长或雨水浸泡降低基底承载力。

(2) 平面轴线位置的偏差不得超过规范要求,坑底四周每边应大于结构物 0.5m 以上。

(3) 基础底面高程应符合要求。

4) 破桩头、浇筑垫层

(1) 桩基混凝土强度达到 15MPa 以上方可破桩头,桩头应采用风镐或人工凿除,严禁采用炸药或膨胀剂等材料,也不得使用大功率镐头机进行。桩头应破除到坚硬混凝土处,桩头无松散层。

(2) 基坑经人工整理、坑底排水设施完成后应立即浇筑垫层混凝土,垫层混凝土可采用 C15 混凝土,厚度 100mm 以上。

5) 绑扎基础钢筋、立模浇筑混凝土

(1) 垫层施工完成后宜在垫层上弹线,标出主筋的位置,绑扎焊接基础钢筋。

(2) 伸入承台的墩柱(台身)钢筋应准确预埋到位,承台混凝土形成强度后应对墩柱

(台身)范围内的混凝土表面进行凿毛,其余部分顶面应抹平压光。

(3)基础混凝土的浇筑严禁使用土模。

(4)大体积混凝土应采取措施降低水化热。通过常规措施仍不能有效降低混凝土内外温差时应设置冷却管,通过循环水降低混凝土内部温度。

(5)若为桩柱直接连接方式,破桩头后应保证桩柱钢筋连接质量,再接桩施工。破除桩头时,应保护好钢筋,在与立柱钢筋连接前,应先将桩头钢筋认真调直。桩基钢筋骨架偏位较大时,应将桩头混凝土按规定向下凿除,按规定调整钢筋偏位。接桩模板的底部应密封,防止漏浆。

6)混凝土浇筑完成后应根据气温情况及内外温差监控结果实施保湿、保温养护措施。

4.3.4 质量控制

基坑挖至设计高程后,应立即对基底尺寸、高程及扩大基础基底承载力等进行报验,并应及时进行扩大基础或承台的施工,防止基坑长时间暴露、被水浸泡或扰动。

4.3.5 成品保护

(1)基坑开挖过程中应严格按照排水设计排水,并应配有备用电源,井点降水不得中断。

(2)基坑开挖的土体应及时外运,不得堆放在坑顶,影响边坡稳定。

4.4 围堰

4.4.1 一般规定

(1)应熟悉和分析施工现场的地质、水文资料、施工现场环境,应排查清楚施工区域内的地下管线(管道、电缆)、地下构筑物、危险建筑等的分布情况。

(2)施工前应根据设计资料提供的地质图,选择适宜的围堰方式。一般情况下,土石围堰适用于水深小于3m、透水性较小的河床;(锁口)钢板(管)桩、套箱围堰适用于水深3m以上,覆盖较厚的砂类土、碎石土和半干性黏土等河床,及软土地区避免大开挖的承台施工。

(3)应编制钢板(管)桩、钢套箱围堰等专项施工技术方案和安全专项施工方案,并经审核批准。

(4)完成场地布置,出渣道路应畅通,临时电力线路、安全设施应准备就绪。

(5)对施工现场应进行平整,水中施工时应搭设工作平台,平台可结合钻孔平台一起设置,其刚度、强度及稳定应经过计算确定。

(6)钢板桩、钢管桩运到现场后应进行检查、清理,清除锁口内的杂物,对缺陷部位进行修补,桩体应顺直,宽度一致,无扭曲,锁口处应涂混合油。同一围堰需要的钢板(管)桩除角桩和合龙段外应为同一规格。

4.4.2 施工流程

施工流程见图4.4.2-1、图4.4.2-2。

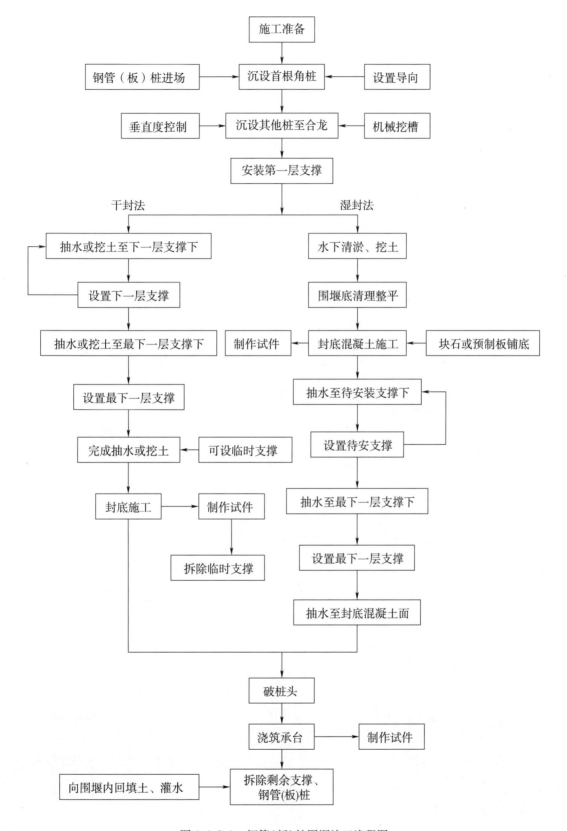

图4.4.2-1 钢管(板)桩围堰施工流程图

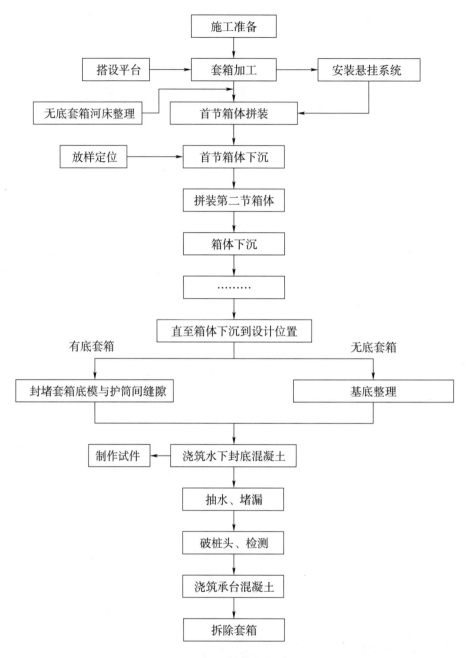

图 4.4.2-2　钢套箱施工流程图

4.4.3　围堰施工

1）土石围堰

（1）土石围堰应选用透水性较小的土，应先对围堰位置进行清淤，保证填料坐落在坚实的基础上，起到较好的隔水作用。

（2）填筑的围堰应具有密实度，满足一定的承载能力。必要时可在土体范围内注入水泥浆，防止透水。

2）钢管（板）桩围堰

（1）插打钢管（板）桩

①测量放样时,应根据承台的中心和设计的围堰尺寸,放出围堰的纵横轴线以及四角位置。

②宜将导向桩先行打入土中,再在导向桩上设置双层导向架,导向架的定位应准确,固定应牢靠。

③首根桩沉设时,应采用全站仪定出桩位中心位置,并加设护桩;采用起吊设备吊起振拔锤,夹桩,移桩,定位,从导向架中穿过,然后沉桩,先自由沉桩,再采用振拔锤施力,沉桩过程中起吊设备应始终吊住振拔锤,随着桩的下沉逐步放松钢丝绳。桩顶宜穿4根风缆绳,四人从四个方向协助定位;沉桩过程中宜采用2台经纬仪(呈90°布设)控制桩的垂直度,并采用卷扬机及时进行纠偏,否则应拔出重打。沉桩速度应缓慢,并应随时纠偏,若沉桩困难,可在桩内或桩外采用高压水枪射水辅助下沉,在桩顶即将沉设到位时采用水准仪进行检测,控制桩顶高程。

④后续桩沉设时,应先定出施工桩位的中心位置,沉设时应严格控制垂直度和偏位,出现偏差时应及时纠正。

⑤合龙段施工时,合龙口宜设置在角桩处,水中施工时应设在下游。在接近合龙位置时(10~15根桩),应严格控制桩的垂直度和偏位,减少偏差,应保证合龙处两根桩的锁口平行,且应避免采用异形桩合龙。在插打至最后4~5根桩时应测量缺口的宽度,准确计算合龙桩的外径,加工合适的钢管桩运至现场插打,插打钢板桩时可采用向外绕圆弧的方式,避免加工非标准桩。

⑥在进行锁口漏水预防及处理时,锁口钢管桩在插打完成后宜采用棉布缝制比锁口略长的长条形布袋,在布袋中插入钢管,然后将布袋从锁口中插至河床。通过钢管注入砂浆(或采用黏土、水泥、氰凝、水配制浆体),边灌注边提升,直至孔口溢出砂浆,钢管埋深应不小于2m。抽水过程中如发现个别漏水处,可派潜水员下水检查,采用木屑、煤渣、止水砂浆等封堵(见图4.4.3-1),渗水较大时可采用铁片将棉絮塞入渗漏处止水。

⑦围堰施工阶段应对围堰的位移和应力进行全程跟踪监测,预防意外事故发生。位移监测的布点可按堰外土体位移和桩顶位移两种方式对称布置;应力监测宜采用表面应力计,布置在圈梁和撑杆上。

(2)围堰支撑安装

①支撑的位置应通过计算确定,宜先在围堰内侧焊接托架,焊接务必牢靠,具有足够的承载力,托架的顶面高程应在同一水平面上。

②圈梁宜采用型钢加工且应与钢管(板)桩密贴,如有空隙应加垫钢板或硬杂木。

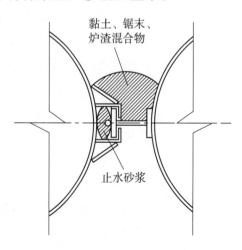

图4.4.3-1 钢管桩围堰止水处理

③圈梁内支撑宜采用钢管(或型钢)制作(见图4.4.3-2),且应与圈梁顶紧后焊牢,实现对顶对拉效果,支撑梁中心应对准圈梁轴线,不偏压;圈梁与支撑间宜采用连接钢板焊接加固。内支撑梁较长时宜在支撑梁跨中设置支撑(见图4.4.3-3)。

④围堰在陆地上时,钢管(板)桩插打完成后即可进行挖土作业,边开挖边铲除附着在钢管(板)桩上的土,开挖深度应经过计算,且应保证钢管(板)桩在悬臂受力状态下不发生过大变形前安装支撑。围堰位于水中时,围堰内的抽水、支撑安装应根据围堰结构设计的要求进行施工,宜逐级抽水逐级支撑。

图4.4.3-2　围堰钢管内支撑

图4.4.3-3　支撑梁跨中支撑

⑤最后一层支撑宜高于承台顶500mm左右,尽量避开承台位置,若实际情况不具备,可采取对内支撑进行置换。

(3)围堰封底混凝土施工

围堰封底混凝土施工可分为干封或水下封底,具体采取何种方式应根据施工区域土层的透水性、稳定性、围堰入土深度、开挖深度等指标计算确定。封底混凝土的厚度应通过计算确定。封底混凝土的施工应符合下列规定。

①干封底施工(见图4.4.3-4)时,应在基坑底设排水沟和集水井。封底混凝土施工前,宜在靠封底混凝土位置上方增加一道临时支撑,保证围堰的稳定性,封底混凝土达到设计强度75%以上时方可将临时支撑拆除。

②水下封底施工(见图4.4.3-5)时,应先进行水下清淤,整平堰底,并清理钢板桩槽口、桩基混凝土四周的淤泥等杂物后方可进行。封底混凝土的导管口宜距离底面200mm左右,导管的布设应使混凝土的影响区域相互重叠,不得出现空白区域,水下混凝土的灌注要求与灌注桩混凝土相同。当围堰底部土层较差时,水下混凝土灌注前宜在堰底铺设一层粗集料或铺一层混凝土预制板,防止在封底混凝土灌注时混凝土与泥土混合。施工中应加强对混凝土面的上升高度和流动半径的测量和检查,保证混凝土面的高程和平整度符合要求。

围堰抽水前其封底混凝土的强度不应低于设计强度的75%,同时应按方案设置圈梁和支撑,然后破桩头进行承台施工(见图4.4.3-6)。

(4)围堰拆除施工

①承台(墩身)混凝土浇筑完成后即可拆除围堰,围堰的拆除应控制内外压力的平衡。

②可采用振拔锤按顺序拔出钢管(板)桩,拔出的桩应清理干净,在运输、存放过程中应防止变形损坏。

3）有（无）底钢套箱围堰

（1）钢套箱应根据工程现场的实际情况进行专门设计，由专业单位制作，且宜先分块制作，再在现场拼装成型。

（2）平台可利用钻孔桩平台或接长钻孔桩护筒焊接牛腿进行搭设；亦可在围堰范围外打设钢管桩，搭设平台。

（3）套箱宜分块运往施工现场，有底套箱可在平台上拼装套箱底板，按照实际钻孔桩位置开孔，然后安装侧板，安装时应在拼缝位置垫膨胀橡胶条止水。套箱下沉前宜将支撑安装到位，亦可先焊接好支撑用的托架，在抽水过程中安设支撑。

图 4.4.3-4　围堰干封底

图 4.4.3-5　围堰水下封底

（4）箱体的安装应符合下列规定：

①钢套箱可采用浮吊起吊安装（见图 4.4.3-7）；亦可另行设置悬挂系统，起吊箱体，逐步下沉。钢套箱下沉前应拔出妨碍下沉的平台桩。

②对有底套箱，宜采用接长护筒或在基桩顶上设分配梁，悬吊套箱。

图 4.4.3-6　围堰承台浇筑结束

图 4.4.3-7　钢套箱下沉

③对无底套箱，下沉的方式与有底套箱相似。下沉前应先清淤，减小围堰着床后的吸泥量，待围堰着床后再采用高压水枪和泥沙泵排土。

④对无底套箱下沉后期，套箱的刃脚进入黏土层，依靠套箱的自身重力难以下沉时，

可采用千斤顶加压、高压射水、吸泥等措施,直至沉入预定高程。

⑤无底套箱下沉就位前,宜利用灌注桩、钢管桩调整位置,保证精确就位;就位后应立即设置锚固定位系统,采用钢丝绳将围堰顶口与附近的钻孔桩、钢管桩、地锚等连接,并采用葫芦调节松紧,调整位置,保证套箱在水流中保持稳定。

(5)封底混凝土的施工应符合下列规定:

①有底套箱的封底混凝土浇筑前,应由潜水员检查限位挡块和侧模与底模之间的安装质量,特别是封堵底板与钢护筒之间的间隙。

②有底套箱灌注水下混凝土时,导管距底板不宜超过200mm,避免发生灌水事故。

③封底混凝土施工前,应对封底混凝土范围内的套箱侧壁和钢护筒壁(或桩身)进行清理,避免形成夹层漏水。

④封底混凝土宜采用水下灌注法,方法与钢管(板)桩围堰水下封底方式相同。

(6)抽水、破桩头施工应符合下列规定:

①有底套箱封底混凝土达到设计强度的75%后方可抽水。

②封底混凝土强度形成后,应封堵围堰与外界的连通管,抽水时应边抽水、边堵漏。

③在整个抽水过程中,应对套箱四角及原施工平台进行沉降观测,同时应对套箱的变形进行监测。

(7)围堰抽水、堵漏完成后可进行承台及墩身的施工。

(8)待承台、墩身施工完成后,即可拆除套箱。拆除时,应先向套箱内灌水,然后逐步解除支撑系统,松开螺栓,拆除回收套箱侧板(底板一般不回收)。

4.4.4 质量控制

(1)应严格按照设计要求选用符合规格的钢板桩、钢管桩和套箱材料。

(2)所采用的钢管、钢板、型钢等应满足国家标准的要求。

(3)钢管(板)桩插打的垂直度偏差应不大于2%。

4.4.5 成品保护

(1)在围堰上游应设置警示标志,围堰外宜设置防撞护桩。

(2)围堰外一定范围内禁止堆放重物或停放大型机械。

(3)严禁在水平支撑上堆放过重物件,导致支撑变形,围堰失稳。

(4)严禁坑内积水。

(5)抽水过程应安排人员24h监测围堰内外的水位变化情况。

4.5 安全施工

4.5.1 基础施工前应调查地面、地下建筑物(构筑物)及各种管线,确定其位置并设置明显标志,必要时应拆、移或采取相应保护措施,并应保证施工作业不危及各种设施及地下管线安全。

4.5.2 桩基机械作业区域应平整坚实,水上作业平台搭设应牢固,设备应安装稳固。施工前应划定作业区并设立警示标志,非工作人员未经批准不得入内。操作人员登高检查或维修设备时应配齐安全防护设施。

4.5.3 钻机运行中作业人员必须位于安全位置,严禁靠近或触摸钻杆,钻具悬空时下方严禁站人,施工过程中严禁人员进入孔内作业。发生塌孔和护筒周围冒浆等事故时应立即停钻,钻机有倒塌危险时必须立即将人员撤至安全位置,经技术处理并确认安全后方可重新作业。

4.5.4 所有制浆池、储浆池和沉淀池周围应设立安全防护栏杆和安全标志,弃渣、泥浆应及时外运,泥浆池废弃后应及时回填处理,恢复地表原样。

4.5.5 人工挖孔桩施工过程中应划定作业区并设立警示标志,非工作人员未经批准不得入内;专职安全管理人员应对施工现场进行检查监控,遇塌孔、地下水涌出、有害气体等异常情况必须立即停止作业,及时将孔内外人员撤离危险区。

4.5.6 挖孔桩内的空气污染物超过现行《环境空气质量标准》规定的各项污染物的浓度限值三级标准时,必须采取可靠的通风措施。人工挖孔时应经常检测孔内的气体情况,二氧化碳含量超 0.3% 或作业人员有呼吸不适感觉时,应立即通风或换班。当挖孔深度大于 10m 时,必须进行井下机械通风。

4.5.7 挖孔桩井底照明应采用低压电源,并应配备漏电保护装置。

4.5.8 挖孔桩孔内应备有软梯供人员上下井,并应随桩孔深度放长至作业面,不得采用麻绳或尼龙绳拉绳运送作业人员,或脚踩护壁凸缘上下桩孔。起重架安装应平稳、牢固。使用的电动葫芦、卷扬机、吊桶等应安全可靠,吊装设备应具备闭口吊环防脱装置,并应配备自动卡紧保险装置。出渣吊桶应不漏撒,吊钩钢丝绳应经常检查,防止断裂。

4.5.9 挖孔桩孔口周边 1.5m 范围内的平台应进行环形硬化,孔口不得堆集土渣、机具及杂物,严禁随意乱倒土石方。孔口四周应设排水沟,及时排除地表水,孔口应搭设雨篷。停止作业时孔口应加盖并设专人看护(见图 4.5.9)。

图 4.5.9 挖孔桩孔口防护

4.5.10 挖孔桩内岩石需要爆破开挖时,应进行爆破的专门设计,爆破施工应按现行国家标准《爆破安全规程》中的有关规定执行。

4.5.11 基坑开挖前应根据地质水文条件,结合现场情况,确定基坑的开挖边坡、支护方案及开挖范围,并应做好地面的防、排水工作。深基础(深基坑)、深水基础的施工,应制订专项安全方案。

4.5.12 开挖出的基坑土方、废渣应及时外运,基坑深度超过2m时边缘应设置防护栏杆,作业人员上下应设置专用通道。基础施工结束后,应及时进行基坑回填。

4.5.13 钢管(板)桩施工前应对沉桩设备及连接件进行无负荷试运转,正常后方可使用;钢管(板)桩起吊应听从信号指挥,作业前应在钢管(板)桩上拴好溜绳,防止起吊后急剧摆动。

4.5.14 钢套箱围堰下放前应组织安全、技术及相关部门进行套箱整体验收,套箱的下放过程应严格按照设计方案进行,坚持平稳、均匀的原则,现场应设专人指挥。

4.5.15 基础施工期间,在挖土、吊运及绑扎钢筋、浇筑混凝土等施工作业中,严禁碰撞支撑,或任意拆除支撑,或任意在支撑上进行电焊及切割作业,或在支撑上搁置重物。

4.5.16 桩基施工弃渣,特别是陡坡挖孔桩弃渣,应在选定合适位置弃渣,严禁桩侧随意弃渣,以防止地表剥离、坡面失稳。

4.6 环境保护

4.6.1 钻孔泥浆的原料宜选用性能合格的黏土或其他符合环保要求的材料,水上钻孔施工应配备专用的泥浆船或泥浆输送管泵,应采取有效措施防止泥浆外溢污染环境,钻渣应外运到指定弃土区域存放,不得随意排放。

4.6.2 水中围堰内的开挖土方应外运至指定区域,不得随意排入水体。基础施工完成后,应尽快将围堰拆除,围堰底和周边的土方应清除干净,恢复河床原貌。

4.6.3 施工车辆运输外弃渣土、建筑垃圾时,应采取封闭、覆盖措施。

5 下部构造

5.1 立柱

5.1.1 一般规定

1）施工前应熟悉施工图文件，分析施工现场的地质、水文等相关资料，并应结合施工现场环境，选择合适的模板及安装方案。

2）桥梁基础等上道工序应检验合格，立柱施工用的地锚应事先设置好。

3）桥梁立柱的施工测量放样（圆柱式墩采用中心坐标、方形立柱采用四角坐标放样）应经监理工程师检测合格。

4）施工前应完成场地平整，清除杂物，吊车就位处应平整压实。临时电力、水的供应已具备。

5）墩台的编号应符合下列规定：

（1）每个墩台施工完成后应及时进行编号，并在按靠便道一侧的墩、台身上进行标注。

（2）编号沿路线里程增长方向自起点桥台、墩身到终点桥台，从0开始，1、2、3……连续进行编号。

（3）墩、台身上编号的外圆圈直径应为400mm，中文字体为印刷黑体，规格为100mm×150mm，采用反光贴纸粘贴在距梁底3m处（距离可根据桥梁高度调整）。

5.1.2 施工流程

施工流程见图5.1.2。

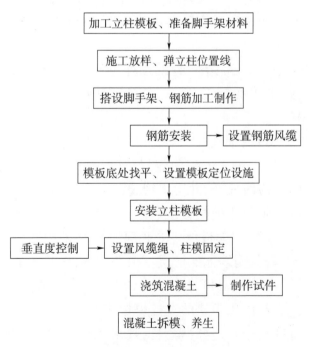

图5.1.2 立柱施工流程图

5.1.3 立柱施工

1）模板制作和组拼

（1）立柱外模板应采用厚度不小于5mm的钢板制作，且应经过铣边处理，拼缝位置宜设置定位销，控制错台现象；方形立柱模板的竖向拼缝应避免设在转角处。可将拼缝移到立柱侧面(距转角100mm左右),加工成带转角的定型模板。

(2)模板拼缝的螺栓应安装牢固、严密;拼缝处宜粘贴双面胶条,防止漏浆。

(3)对圆柱墩、实心方墩的模板,高度在10m以内时宜按一模到顶进行配置。

(4)板式桥墩的模板宜采用无拉杆模板,如采用拉杆固定,应根据立柱截面的大小、混凝土一次的堆积高度、混凝土的终凝时间等因素统筹考虑计算而定,且拉杆直径不宜小于14mm。

(5)模板涂好脱模剂后应及时安装,否则应采用塑料布覆盖,防止粘上灰尘等杂物。

2)钢筋加工制作、连接、安装、绑扎

(1)承台内的立柱段钢筋应在浇筑承台前绑扎完毕,立柱钢筋骨架的加工制作及钢筋连接方式应符合设计要求。应特别注意预埋钢筋与立柱主筋连接处的焊接质量,必要时应采取加强措施。

(2)在立柱主筋上绑扎箍筋时,可采用粉笔画出箍筋间距线(或使用制作好的卡具),箍筋应与主筋接触紧密,如果箍筋为带钩状筋,应注意钩筋位置,保证钩筋不进入保护层内,钩筋宜对角交替布置。

(3)立柱的钢筋骨架宜在钢筋加工场统一加工成型,检测合格后方可运至现场。起吊部位应设起吊扁担,减小钢筋骨架的变形。吊装就位时应控制立柱钢筋的中心位置以及其垂直度。

(4)立柱竖向主筋连接和定位完成后,混凝土保护层的厚度应经检查满足要求后方可进行水平筋的安装绑扎,水平筋应贴紧主筋。立柱上宜使用圆饼形或梅花形高强砂浆垫块。

(5)对已经安装好的立柱钢筋骨架,在安装模板前应有临时稳定措施,防止倾倒。安装完毕的墩身钢筋总高度超过9m时,应安装风缆使其保持稳定,风缆可设在钢筋骨架内部。

(6)支座垫石处的预埋钢筋(或钢板)应按设计图的要求进行施工,预埋钢筋(或钢板)的平面位置、长度、数量应准确,并应对预埋件采取固定措施,避免振捣混凝土时发生移动。

3)模板安装

(1)模板安装前应将基础顶面清洗干净,应根据设计图纸对立柱进行中心点和模板内外边线放样,并用墨线弹出。在位置线处应设定位装置,保证立柱轴线、边线的准确,采取措施防止模板移位。

(2)对模板承垫的底部应预先采用水泥砂浆设置找平层,但找平层不得侵占立柱实体,避免钢筋无保护层。吊装模板前,应检查混凝土保护层垫块是否按要求布设完毕。

(3)对高度低于10m、截面尺寸一致的立柱模板,宜采用整体方式吊装,吊装前应先检查整体预组拼的立柱模板拼缝,连接件、螺栓的数量及紧固程度;吊装前尚应检查钢筋骨架是否妨碍柱模套装,宜采用铅丝将柱顶筋预先向内绑拢,使立柱模板能从顶部顺利套入。

(4)高度超过10m或截面尺寸不同的立柱模板,宜采用现场组拼的方式安装。安装时宜按立柱的大小和形状,预拼成一面一片(一面的一边带一个角模),或两面一片,就位后应设临时支撑固定,严禁将大片模板系于立柱钢筋上。应先采用连接螺栓将两侧模板连接卡紧,再安装另外两面模板。

(5)立柱模板安装就位时,宜采用4根缆风绳(立柱高度大于10m时,在中部再加4根缆风绳)将立柱模板拉紧。模板安装完成,应检查校正对中及垂直度无误后,方可固定风缆。

(6)模板安装固定后应测量模板顶高程,并应根据设计高程计算出混凝土面距模板顶的高度。

(7)浇筑混凝土前,应清除模板内的杂物,并采用水泥砂浆在模板外封堵底部缝隙,同时应履行模板检验验收的手续。

4)混凝土浇筑施工

(1)可采用泵送或吊车配合料斗的方式浇筑混凝土,浇筑施工时应保证出料口与浇筑面之间的距离小于2.0m,防止混凝土离析;宜采取适当措施使操作人员进入模板内靠近混凝土面进行振捣,保证不漏振、过振;混凝土应水平分层浇筑,每层的浇筑厚度不宜超过300mm。

(2)混凝土的坍落度可根据现场气温适当控制,一般情况下,混凝土的坍落度在入模后应保持在50~70mm之间,泵送混凝土可保持在120~140mm之间。

5)模板拆除

(1)拆模不宜过早,应根据环境温度确定,且尽量安排在升温时段进行。拆除立柱模板时,可采用吊车吊住立柱模板一侧顶部,其相连模板应有临时固定措施。

(2)分散拆除立柱模板时,应自上而下、分层拆除。

(3)拆除模板时不得使用大锤、撬棍硬砸猛撬,应避免混凝土的外形和内部受到损伤。

6)拆模后应立即采用塑料薄膜将立柱包裹(见图5.1.3-1),并采取墩顶滴灌等方式进行养护(见图5.1.3-2)。混凝土的保湿养护时间应不少于7d。

图5.1.3-1 立柱覆盖薄膜

图5.1.3-2 立柱滴灌养护

5.1.4 质量控制

(1)支模前应先校正钢筋,使其不产生倾斜。安装模板后,宜在柱顶部设置一木制十字架,找出立柱中心,采用垂球对向底部的中心,并测量模板的竖直度。

(2)混凝土表面不得出现裂缝,无蜂窝、麻面,水气泡少,表面应平整、密实、光洁;混凝土表面的色泽应均匀一致,无成片花纹;模板接缝或施工缝无错台,不漏浆,接缝数量应尽可能最少。

5.1.5 成品保护

(1)吊装模板时应轻起轻放,避免碰撞,防止模板变形。

(2)拆模时应防止因时间控制不当或操作粗犷造成结构物缺棱掉角。

(3)立柱施工完成后,严禁在立柱周围进行倾填,并对系梁及承台四周的建筑垃圾及时清理,运至弃土场,并应防止施工机械碰撞到立柱损伤混凝土表面。

(4)应加快工序衔接,尽量缩短柱顶钢筋的裸露时间。

(5)立柱模板定位后,任何人或机械不得碰撞风缆,使模板的位置产生变化,否则应重新定位,调整好后方可浇筑混凝土。

5.2 盖梁

5.2.1 一般规定

(1)盖梁施工的支撑方式,可采用落地支架、抱箍挑架或剪力销托架等,具体采用何种方式应根据现场的实际情况通过计算确定。

(2)对在陆地上离地面不高的现浇盖梁,如土质条件较好,对地基采取相应措施处理后,可采用落地式支架;对位于水中的现浇盖梁,可利用桩基、系梁及立柱施工时搭设的水上操作平台支撑支架,但应验算其稳定性和沉降量,慎重采用。

(3)立柱、墩身应经过质量检验,盖梁的测量放样应经监理工程师检测合格。

(4)施工前应对墩顶混凝土进行凿毛,凿除松散层;应对圆柱顶部的锚固筋喇叭口进行调整。

5.2.2 施工流程

施工流程见图5.2.2。

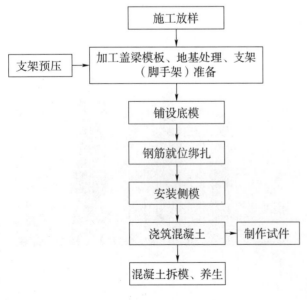

图5.2.2 盖梁施工流程图

5.2.3 盖梁施工

1)施工前应在墩顶准确放出盖梁的轴线,测量柱顶高程。

2)采用落地支架作支撑时,应先对盖梁下施工范围内的地基进行处理,分层回填承台或系梁施工开挖的基坑并压实;对无承台或系梁基坑的原地面,应先清除地面表层杂物和腐殖土,然后对地基进行整平并压实,必要时应对原地面进行掺灰或换填道渣处理,保证经处理后的地基平整、密实,且有相应的承载能力;在处理后的地基上宜浇筑混凝土垫层或铺枕木搭设支架,调整支架活动底托和顶托形成底模的支撑。

3) 采用抱箍作支撑时,其施工应符合下列规定:

(1) 应根据抱箍的尺寸确定其在立柱上的位置,使用前应对抱箍螺丝扣的收紧力及相应的承载能力进行试验,然后放置工字钢或其他横梁(见图 5.2.3-1)。

(2) 抱箍的内壁宜加垫摩阻力较大的柔性材料,增大抱箍与立柱之间的摩擦力。抱箍应设置有足够刚度的连接板,保证其能可靠地传递螺栓拉力,螺栓预拉力应保证抱箍与立柱间的摩擦力可靠地传递荷载。

(3) 抱箍安装前应先搭设辅助支架,为其安装提供一个临时支撑且方便安装,辅助支架的顶部宜设在抱箍的下缘。安装抱箍时应使抱箍与立柱密贴,抱箍的箍身宜采用不设环向加劲的柔性箍身;抱箍两部分吊装到位后,应采用电动扭矩扳手将螺栓逐个对称拧紧。

(4) 抱箍安装好后,应在抱箍的下方做好标记,并应在抱箍承受荷载后观测其是否下沉。安放底模后,应再一次拧紧抱箍的连接螺栓,并检查抱箍是否下沉,经检查抱箍未下沉后,方可吊装钢筋骨架及侧模;再次检查抱箍是否下沉,确认抱箍没有移动,方可浇筑混凝土。盖梁在浇筑混凝土过程中应安排专人随时观测抱箍是否沉降。

(5) 拆除抱箍时可将其用吊车挂住(或以吊葫芦悬吊),然后拆除连接螺栓,下放抱箍。

4) 采用剪力销作支撑时,应按剪力销的尺寸在立柱施工时设置预埋件,并在立柱预留孔中穿入剪力销设备;剪力销托架两端可安装砂筒,然后在砂筒上放置工字钢或其他型钢作为横梁(见图 5.2.3-2)。

图 5.2.3-1 抱箍支架施工盖梁　　　　　图 5.2.3-2 剪力销支架施工盖梁

5) 采用抱箍或剪力销作支撑时,可采用对拉螺栓穿过两根工字钢(或其他型钢)横梁腹板进行连接,内侧可采用钢管支撑,对拉螺栓穿过钢管,防止工字钢横梁产生侧向倾覆。设置完成后可在工字钢或其他横梁上安放盖梁的底模。

6) 底模的制作、安装应符合下列规定:

(1) 模板的挠度应不超过模板跨度的 1/400,钢模板面板的变形应不超过 1.5mm。

(2)在吊装模板时应设溜绳,应防止模板与钢筋碰撞、摆动等,并保持模板在吊装过程中稳定。

(3)对底模与立柱的贴合处,应采取有效措施防止其漏浆,并应根据测量高程对墩顶进行凿毛处理,凿毛时应力求立柱混凝土深入盖梁20mm。

(4)应根据测量放样的立柱中心点放出盖梁端头模板的底部位置。

7)钢筋的加工制作、连接、安装、绑扎应符合下列规定:

(1)应先在底模上按梅花形摆放高强度砂浆垫块,并根据测量放样的柱中心点放出钢筋骨架就位的位置。

(2)钢筋整体吊装时,应在钢筋加工场严格按图纸及设计要求下料,并在台座上绑扎成型,安装时应采用多点吊装方法,防止盖梁钢筋骨架在吊装时变形。骨架的就位应准确,如有偏差应及时调整。

图5.2.3-3 盖梁钢筋绑扎

(3)应按骨架上的箍筋位置线,使钢筋骨架和箍筋精确定位。

(4)宜采用缠扣绑扎箍筋,箍筋与主筋、水平筋应垂直,接触应紧密,箍筋转角处与主筋的交点均应绑扎,主筋与箍筋非转角部分的相交点可成梅花形交错绑扎(见图5.2.3-3)。

(5)应按照设计图纸的要求施工耳背墙、防震挡块、支座垫石等预埋件,施工中应严格控制盖梁预埋件的位置和高程。

(6)钢筋安装时,应在盖梁钢筋骨架的侧面设置高强度砂浆垫块。

8)侧模的制作、安装应符合下列规定:

(1)钢模板面板的厚度不宜小于6mm,肋板设计应使模板具有足够的刚度。

(2)侧模宜整体吊装,侧模接缝处、侧模与底模接缝处宜粘贴双面胶条,且宜采用对拉杆使模板就位,拉杆应有足够的强度和较小的变形,宜使盖梁内无对穿拉杆;拉杆和模板内支撑应设置在同一平面,通过内外支撑对模板进行调整、对中、加固,使其稳固。

(3)端头模板和侧面模板应牢固连接,并应采取支撑、加固等措施,防止跑模、漏浆。

9)混凝土的浇筑施工应符合下列规定:

(1)混凝土的浇筑方式和现场坍落度控制可按本章第5.1.3条第4)款的相关规定执行。

(2)混凝土的浇筑顺序宜从墩顶分别向两端对称、分层、连续浇筑。

10)模板的拆除应符合下列规定:

(1)混凝土强度应达到2.5MPa以上,并应能保证其表面及棱角不因拆除模板而受损后,方可拆除盖梁侧模板。

(2)底模的拆除应待混凝土达到一定强度,使梁体能够承担自身重量产生的内力后方可进行。

11）对盖梁混凝土进行养护时，侧模拆除前其顶面可采用浸水土工布覆盖养护；侧模拆除后，可采用透水土工布包裹，滴灌养护，保证混凝土表面始终处于湿润状态。养护时间应不少于7d。

5.2.4 质量控制

（1）混凝土浇筑前，应将模板内的杂物、已浇立柱顶面清理干净，应对支架、模板、钢筋和预埋件进行检查并做好记录，符合要求后方可进行浇筑。

（2）吊装模板时应避免模板与钢筋骨架产生碰撞而发生变形。

5.2.5 成品保护

（1）抱箍安装时，立柱的强度应达到设计强度的100%，并应全断面内衬土工布或橡胶皮，增加抱箍与柱间的摩擦力，防止抱箍在立柱上留下痕迹。

（2）初凝后洒水、覆盖保水养护材料时，操作人员应在脚手架上行走，避免在混凝土顶面踏上脚印。

（3）采用剪力销方案时，剪力销应注意埋设顺直、有规则，预留孔应垂直于上系梁、盖梁轴线。施工完毕后应采用细石混凝土对预留洞进行封堵，并保证外侧与混凝土表面的颜色保持一致，封堵孔洞时应将两端的PVC管去掉50mm以上。

（4）盖梁混凝土浇筑完成后，应及时冲洗立柱上的漏浆。

5.3 桥台

5.3.1 一般规定

（1）位于软土地基的桥台，应保证台前软土地基处理的质量，避免桥台的损害。

（2）应重视桥台结构的开工审批，避免可能产生的推移使结构产生损害。

（3）台背开挖时，挖至能满足工作面要求即可，应避免较大的开挖量和回填量。

（4）条件允许时，柱式桥台宜采用先填后挖的方式进行施工。

（5）当背墙会影响到梁体预应力的施工时，背墙混凝土可在预应力施工完成后再浇筑。

（6）桥台基础施工已完成，质量检验合格。

5.3.2 施工流程

施工流程见图5.3.2。

5.3.3 桥台施工

（1）模板的施工要求可按本章第5.1.3条第1）、3）、5）款和第5.2.3条第6）、8）、10）款的相关规定执行。

（2）钢筋的施工要求可按本章第5.1.3条第2）款和第5.2.3条第7）款的相关规定

执行。对桥台背墙顶面伸缩装置的预留钢筋,其预埋高度和间距等应严格按设计文件执行;桥台侧(耳)墙防撞护栏钢筋的预埋应位置准确,保证与预制梁的防撞护栏线形顺直。

(3)混凝土的浇筑方式和现场坍落度控制可按本章第5.1.3条第4)款的相关规定执行。

(4)混凝土的养护可按本章第5.1.3条第6)款的相关规定执行。

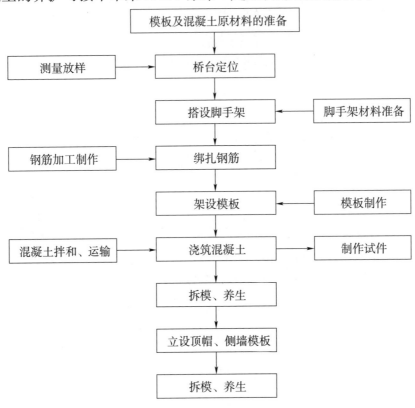

图5.3.2 桥台施工流程图

5.3.4 质量控制

1)沉降缝自上而下竖直方向应严格对齐,定位牢固,如发生倾斜、变形,应拆除重做。沉降缝应从上到下保持通缝,并应控制好垂直度和缝宽。

2)肋板式桥台或柱式桥台间的填土应对称进行,填土施工未完成不得进行台帽及上部构造的施工。

3)柱式桥台的台后填土应控制填筑的速率。

4)沉降缝断缝板的外表50mm应剔除,然后可采用沥青麻絮填塞;填缝应填满抹平,规整、顺直,无翘边、变形,且不得污染墙身。

5)对体积较大、横向较宽的桥台,施工时应对下列事项进行控制,防止其开裂:

(1)施工时宜加快混凝土的浇筑速度,且宜采用低坍落度混凝土,对混凝土的内外温差应进行控制,并应根据温度和气候环境采取相应的养护措施。

(2)U型桥台宜按大体积混凝土的要求进行施工,进行及时有效的养护,并严格按台背回填的相关技术规范进行回填,注意控制桥台地基的不均匀沉降。

5.3.5 成品保护

按本章第5.1.5条和5.2.5条的相关规定执行。肋板式桥台尤其是斜交的肋板式桥台的施工,应特别注意肋板的安全,对称填土,并应防止压路机碰撞肋板。

5.4 高墩

5.4.1 一般规定

(1)本节适用于翻模施工的实心或空心钢筋混凝土高墩(塔)工程。

(2)开工前,应根据工程的现场条件编制高墩的专项施工技术方案和安全专项施工方案,并经审核批准。

(3)施工前应制订详细的施工测量与控制方案,内容主要宜包括:轴线定位测量、高程测量、垂直度测量和变形观测等。

(4)当墩高超过30m时,宜选用塔吊作为材料垂直提升设备(见图5.4.1-1);当墩高超过40m时,宜选用施工电梯作为工作人员上下的提升设备(见图5.4.1-2)。

图5.4.1-1 高墩施工中的塔吊　　　　图5.4.1-2 高墩施工中的电梯

(5)应根据模板周转使用次数、混凝土侧压力及混凝土表面质量等要求,合理选择模板品种。模板应具有模数化、通用性,拼缝严密,上下层模板接缝严密平整,装拆方便的特点和足够的刚度。外模板宜选用大块组合模板,异形模板、弧形模板、调节模板、角模等应根据结构截面形状和施工要求设计制作。

(6)施工前应整平施工场地,回填承台基坑,设置现场临时排水系统,保持现场不积水。在山区应特别注意防山洪、泥石流、山体滑坡等。

(7)分节段施工,上一节段施工时,已浇节段的混凝土强度应不低于2.5MPa。

5.4.2 施工流程

施工流程见图5.4.2。

5.4.3 高墩(塔)翻模施工

1)承台施工时应将桥墩钢筋按设计图要求预埋,钢筋接头位置应错开,预埋钢筋的外露长度以方便施工为宜(一般为0.5~1.5m)。

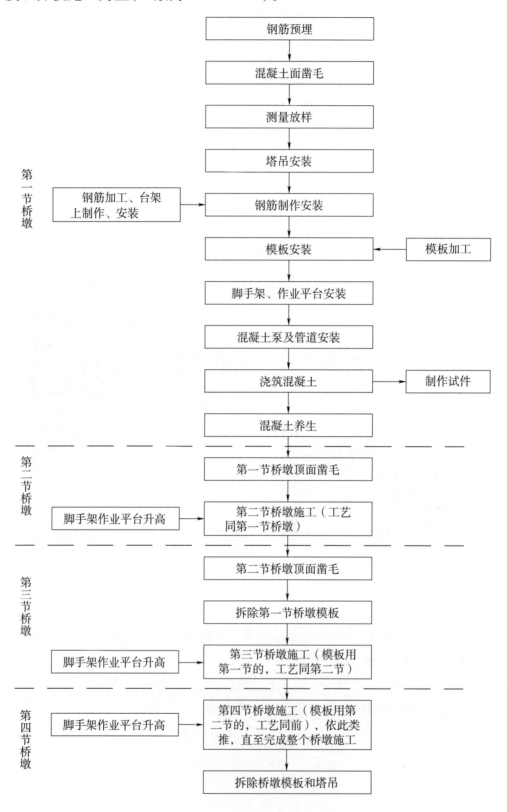

图 5.4.2　高墩翻模施工流程图

2)应通过测量放样,确定桥墩的中心和纵横向轴线,并采用墨线标记。

3)钢筋的加工、安装应符合下列规定:

(1)主筋除顶部的分节长度根据墩高而改变外,中间各节主筋的长度宜为9.0m。主筋的连接宜采用机械连接(见图5.4.3-1),如采用焊接连接,则应在焊接前选定焊接工艺和焊接参数,按实际条件进行试焊,并检验接头外观质量及规定的力学性能,试焊质量经检验合格后方可正式施焊。

(2)墩身主筋在架立、单根接长及未绑扎成型之前,应采取相应的防倾倒措施,保持其稳定,可利用墩内钢支架等定位、固定钢筋。如设计有钢筋网片,应待主钢筋安装完毕后,再安装固定。

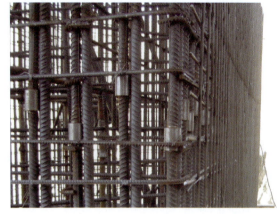

图5.4.3-1 高墩主筋连接

(3)直立主筋应先调直上、下钢筋轴线再连接,箍筋、钩筋安装应按设计位置先画线,然后再摆放钢筋进行绑扎,并应按设计要求的保护层厚度在钢筋与模板之间设置高强砂浆垫块。

4)模板的设计、加工应符合下列规定:

(1)外模的分节高度应根据墩身高度、墩身断面尺寸和起重设备的起吊能力,以及施工时钢筋的定尺长度等因素综合考虑确定。可采用2~3节模板,每次向上翻升1~2节,保留一节作为接头模板。每节模板的高度宜为3.0~4.5m,与9m长的定尺钢筋相适应。

(2)外模宜采用大型整体钢模板,圆形墩宜每一节墩身分两个半块圆模板组合而成;矩形墩宜每一节墩身分前后左右四块模板组合而成。同节模板之间、上下节模板之间宜采用螺栓连接。内外模的水平接缝及竖向拼缝可做成平口或企口缝。钢面板的厚度应不小于5mm。前后左右模板宜采用对拉杆加固,对拉杆直径应通过计算确定。

(3)为适应变截面高墩尺寸的变化,可在拼缝尽可能少的前提下设置模数模板进行组拼。有条件时宜配制整体的收分模板,以保证模板的整体刚度和混凝土表面质量;加工模板时将收分模板加工成一块整板,按每次翻转收分切割的模数尺寸,布置模板竖肋,每条竖肋均按边框布孔模数打孔,以便每次收分切割后作为改制模板的边框,切割线应用砂轮磨光修平,以保证接缝严密、不漏浆。

(4)内模可采用定型钢模和木模组拼,并采用方木或钢管作为内支撑杆加固模板。内模板的尺寸应根据墩内空间的平面尺寸确定,内模比外模宜高出200~300mm,倒角模板宜单独加工成型,竖向倒角连接处应有一侧设计为锐角,以便脱模。

(5)模板应在加工厂预拼装,检查合格后,应校对模板编号,并应在模板上标注中心线和控制基准线等标记。

5)模板的运输和存放应符合下列规定:

(1)应根据模板的长度、重量选用车辆;模板在运输车辆上的支点、两端伸出的长度及绑扎和包装方法均应保证模板不产生变形、不损伤涂层。

(2)模板应按规格、型号、安装顺序分区存放;模板底层的垫枕应有足够的支承面,防止支点下沉。相同型号的模板垫放时,各层的支点应在同一垂直线上,防止模板被压坏或变形。

6)模板的安装和翻升应符合下列规定:

(1)宜采用全站仪或全站仪与垂度仪相结合的方法进行施工放样和检测,每节墩身混凝土浇筑前应测量模板四角的平面坐标。施工测量放样和复核时应选择在日照影响最小的时间进行,避免日照引起墩身侧移的影响。

(2)模板宜采用塔吊提升,人工辅助安装。起吊前应仔细检查模板与混凝土之间是否完全脱离,起吊扣件是否牢固,操作平台上机、具、料是否清理干净,吊装模板应由专人指挥,以确保安全。模板安装完毕后,应对其平面位置、顶部高程、节点联系及纵横向稳定性等进行检查。

(3)安装首节模板前,宜在承台上沿模板的底面采用砂浆设置厚为30～50mm的找平层,并在墩底设置零接模板,零接模板的上端与墩身翻模模板相连接,下端直接支承在砂浆找平层上,最先拆除的一块模板下端与承台的接触边宜设计为锐角,方便脱模。宜采取先安装外模、再安装内模的安装顺序;且应内撑外拉、节间采用螺栓拧紧,防止浇筑混凝土过程中移位、漏浆。

(4)底节混凝土浇筑完成,待混凝土达到规定强度后,即可安装第二节墩身的钢筋、模板。第二节模板安装在首节模板之上,采用螺栓将上下模板连接在一起,将内模提升至顶面与外模平齐,用预设的拉杆初步固定在底节混凝土上,调整模板至准确位置,安装、紧固对拉螺杆,其余工作同首节墩身施工。

(5)宜先外后内、先下后上逐节逐块地进行模板的翻升。待第二节混凝土达到规定强度后,拆除首节模板(留下不拆的模板起支撑作用)。拆除时应先抽出拉杆,然后卸除模板的连接螺栓,将模板向上吊起。高空作业时,应预先采用倒链将模板吊在上面的模板上并拉紧,防止模板脱落,待外模与混凝土完全脱开后,用塔吊微微吊起外模,将倒链解下,然后将模板吊到模板修整处进行整修待用。待第三节段的钢筋安装完毕,采用塔吊将模板吊起,进行安装,安装方法同前。

(6)在浇筑底部两节墩身混凝土时,模板的校正宜采取拉缆风绳的方式,从第三节开始,可采用在下层节段混凝土顶面预埋扣环进行校正。

7)作业平台应符合下列规定:

(1)在模板外侧应设置带防护栏杆的施工平台,栏杆外侧至模板底部应设置封闭的安全网。施工平台宜成环形(见图5.4.3-2),满铺木板,并覆盖薄钢板或其他材料。应在固定位置设置人孔供人员上下,作业平台上严禁堆放钢筋、大型机具等重物。

(2)采用满布式支架的作业平台,其搭设高度应与桥墩施工高度相同,支架每5～10m高度应与桥墩连接固定。

(3)当桥墩为单墩时,人员上下脚手架可安装在桥墩横向一侧便于施工的位置;当桥墩为双墩时,人员上下脚手架可安装在两墩之间。脚手架安装完成后应全面检查各接头和扣件是否拧紧、与桥墩连接是否牢固、脚手架是否垂直后方可使用。

8)空心墩内支架应符合下列规定:

(1)施工中应根据桥墩内部空间尺寸,设置钢结构的内侧施工平台,内侧施工平台应有足够的强度、刚度和稳定性。支撑于墩内隔板上的内侧施工平台应对桥墩隔板(或顶板)的施工荷载标准进行验算。

(2)内侧施工平台宜高出混凝土面6~7m,平台支架四周与墩身内壁间宜留出0.5m左右的间隙,用于拆除、提升内模。在钢支架上宜搭设多层操作平台,用于内模安装、拆除,钢筋安装,混凝土浇筑等作业。

(3)每节墩身浇筑混凝土后,应及时将内支架接高或上移,在内模提升后应及时将支撑与墩身内壁混凝土面顶紧,减少支架的自由高度,增加支架的稳定性。支架接高或升高后,平台应随之升高以满足作业需要。

图 5.4.3-2　高墩施工平台

9)塔吊、电梯应符合下列规定:

(1)塔吊的选择应结合桥梁施工需要的起重能力而定,如考虑相邻桥墩施工使用,则应加大塔吊的起重能力或采用自行式塔吊。

(2)宜采用1~2t的载重电梯,用于搭载施工人员至上下墩身作业面;应随施工进展在电梯轨道的顶面安装行走通道,与高墩上的平台连接。

(3)塔吊、电梯的基础应根据设备使用要求和结构要求设置;塔吊、电梯升高时,应根据设备使用要求设置附臂。

10)混凝土的浇筑应符合下列规定:

(1)施工前应做好底部接茬工作,并应在混凝土浇筑前保证接茬部位干净、湿润。

(2)混凝土的垂直运输宜采用泵送,其选用应考虑扬程、速度、性能、稳定性等因素。泵管的安装应尽量减少弯头且不小于90°。在固定混凝土输送泵管时,泵管不应接触已支立好的墩身模板,避免泵送混凝土时泵管的冲击力使模板偏位。

(3)设置泵管时,泵管的接头处应采用卡箍固定,并应附着在墩身上。墩底宜设10~20m长度的水平管连接至混凝土泵的出口,泵管应随着墩高不断升高,每次浇筑混凝土时,在浇筑平台中部宜布设水平管,并采用软管接到放料点,沿墩身四周均匀浇筑混凝土。混凝土的倾落高度不得大于2m,否则应采取接长泵管或软管、设置串筒等措施减少混凝土的自由下落高度。

(4)浇筑高墩混凝土时,输送泵宜一泵到顶,若超过一台泵的工作高度时,允许接力泵送,但应设置接力储料斗的工作平台,并应尽量降低接力站台的高度。

11)墩身混凝土的养护应采用在墩顶裸露面和墩身周边包裹土工布,并结合喷淋洒水(在支撑节模板底部周边也设置喷淋水管)或采用喷洒养护剂的方法进行养护。

5.4.4　质量控制

1)施工时应对重点指标进行严格控制:对于施工观测,应重点控制桥墩的垂直度

（或坡度），防止桥墩产生偏心和扭转；对于模板，应重点控制其平整度和垂直度（或坡度）；对于钢筋，应重点控制其受力钢筋接头的质量、钢筋骨架的垂直度（或坡度）和保护层厚度；对于混凝土，应重点控制其配合比及和易性，其浇筑宜连续进行，若浇筑过程因故中断，则中断时间不得超过前层混凝土的初凝时间，否则应按施工缝处理。

2）对翻模应做到层层清理，层层涂刷脱模剂，对模板及相关部件应进行检查、校正、紧固和修理。模板在翻升过程中应注意清理障碍，在确认对拉螺栓全部拆除、模板装置上部无障碍时方可提升。

3）当采用翻模施工时，宜采取模板再次就位后紧固未翻动模板的拉杆等措施，减小模板与墩身之间的缝隙，防止接缝处漏浆、错台。

4）对空心墩的墩底及过渡段高度内容易出现开裂的现象，施工时应注意采取以下措施：

（1）缩短墩身与基础（或承台）之间浇筑混凝土的间隔时间，间歇期不宜大于10d。

（2）采用泵送混凝土浇筑施工时，底节的混凝土配合比应予以调整，减小混凝土的收缩和水化热影响。

（3）温度裂缝控制宜从混凝土配合比、施工工艺、施工养护等方面综合考虑，亦可采用布置防裂钢筋网、增设通风孔等技术措施。

（4）属于大体积混凝土的，应按本指南有关大体积混凝土的规定组织施工。

5）监控测量应符合下列规定：

（1）影响高墩垂直度的主要因素有风力、温度、施工偏差等。对分节段施工的墩身，其首节模板安装的平面位置和垂直度应严格控制。空心墩应采用全站仪进行定位控制测量，并应随时进行高差修正。

（2）模板每提升一节，应对模板的位置检查一次，以控制桥墩的纵横向偏移和扭转。每循环9m宜采用全站仪与垂直度仪校核一次，应防止仪器误差导致墩身产生偏斜，对于垂直度超出允许误差的节段应进行调整。

6）对线形进行监控应做到四定原则：定人、定仪器、定时、定点，减少外界因素对测量的影响程度。

5.4.5 成品保护

（1）施工过程中应防止水泥浆垢污染已完工的下层节段。

（2）杜绝在桥墩上乱涂乱画。

（3）吊装钢筋、模板等物资以及桥下倒车等时，应注意防止碰伤已经安装的钢筋和浇筑的混凝土成品。

（4）墩身应尽量避免使用外露预埋件，宜采用PVC管预留孔洞，穿精轧螺纹钢安装螺母连接支撑架（附墙等）底座钢板。特殊情况采用预埋件时，应比墩身表面至少低50mm，在切割预埋件后，应补焊钢筋网并及时采用与墩身相同强度等级的细石混凝土材料补填空洞，保证墩身表面色泽一致。

5.5 安全施工

5.5.1 施工单位应在施工现场桥墩(台)的周围设立警戒线,禁止非施工人员未经批准进入施工区域。专职安全人员应在施工现场进行巡查,防止发生安全事故。

5.5.2 下部构造施工前必须搭好脚手架(见图5.5.2)及作业平台,搭设方案应经监理工程师批准,验收合格后挂牌使用。

5.5.3 脚手架基础应平整、坚实、不积水,应满足脚手架荷载设计值的要求。脚手架宜采用碗扣式支架或钢管扣件式支架搭设,钢管下口宜设方木垫板或现浇混凝土,搭设时应设置斜道、安全梯等攀登设施(见图5.5.3),斜道坡度不应大于1:3,高度超过6m时宜设转角平台。

图5.5.2 脚手架搭设

图5.5.3 脚手架搭设

5.5.4 作业平台应满足承载力和工人操作的要求,宽度应不小于1.0m,脚手板必须在脚手架宽度范围内铺满、固定。作业平台四周应设置防护栏杆,平台高度超过2m时应设兜底水平安全网或在其下一步脚手架上满铺脚手板防护层。

5.5.5 脚手架和作业平台在使用期间应经常检查、维护,保持完好,严禁擅自拆除架体杆件和连接件。脚手架和作业平台上堆放的物品不得超过设计荷载。

5.5.6 脚手架搭设和拆除的其他要求可参照第3章支架部分相关内容。

5.5.7 施工单位应对高墩施工的安全和环境因素进行现场调查、研究,制订切实可行的施工专项安全技术方案,并应制订紧急情况下的应急预案。必要时应聘请咨询专家对施工专项安全技术方案进行评审,以确保安全施工。对墩高大于100m的桥墩,宜根据设计图纸要求并结合实施性施工组织设计的内容,对高墩施工进行安全风险评估。

5.5.8 高墩施工前,应对所有作业人员进行安全常识培训和安全操作技能培训,重点应进行高空安全常识、吊装技能和吊装安全的培训。进行高空作业时,设备下部严禁站人。作业区应有安全通道设置。

5.5.9 高墩施工时,应在墩身内外侧模板以下沿墩壁混凝土各安装一圈防落网,沿外侧模板背面的平台栏杆安装一圈安全网,其高度应使上下平台空间全部罩住,在模板边角处安全网应连接在一起,不留空当;墩内支架应在工作高度范围内,水平安装3层安全网。安全网应采用阻燃型。

5.5.10 塔吊等高空作业的大型设备应安装避雷设施。吊装作业时,应有专人指挥。应定期对塔吊和吊装辅助工具进行检查、维护。重点检查的项目有:塔吊附着臂的牢固程度、自动报警装置、制动装置、起吊钢丝绳、吊装辅助钢丝绳、卸扣、钢绳卡、吊篮等。遇六级或六级以上大风时应立即停止作业,并采用绳索在地面固定。

5.5.11 每个高墩应使用单独的专用配电箱,平台上的振动器、电机等应有相应接地装置,作业面应配置灭火器材。

5.5.12 应经常检查翻模装置的各项安全设施,特别是安全网、栏杆、工作平台、吊架等安全关键部位的紧固螺栓等,及时排除隐患。

5.5.13 应定期对施工电梯和步行梯进行检查维护。电梯重点检查项目包括:电梯预埋件和支架的稳固性、电梯的紧急制动装置、电梯的定点制动装置(上下端点制动)等。步行梯重点检查项目包括:支架的稳定性、梯子上下端的牢固性、踏步的牢固性、栏杆的牢固性等。

5.6 环境保护

5.6.1 工地现场使用的模板、支架、木材等周转材料应码放整齐,严禁随地乱扔,应保持施工现场的整洁文明。

5.6.2 下部结构施工结束后应将墩柱、盖梁顶清理干净,承台、系梁四周的建筑垃圾应及时清理,运至弃土场。

6 上部构造

6.1 先张法预应力梁预制

6.1.1 一般规定

1）先张法空心板梁预制宜由预制梁厂生产或专业队伍在现场施工。

2）开工前应熟悉施工图纸和设计资料，复核空心板梁长度、细部尺寸等技术指标，完成有关的技术文件和专项施工方案编制，并经审核批准。

3）每片梁宜配备2套浇筑设备同时进行施工，每套设备至少应包括一只料斗、一台提升设备。

4）千斤顶、油表、应力应变传感器等机具应由有相应资质的部门标定完成，张拉操作人员应沟通顺畅，宜配置对讲机，以便在现场及时沟通、协调。

5）梁板的编号应符合下列规定：

（1）梁板预制完成后应进行编号，并宜在靠近便道的梁板侧面进行标注。

（2）编号标识的尺寸宜为480mm×480mm（平均每行120mm），中文字为印刷黑体，规格宜为50mm×80mm，采用红色油漆标注于梁侧，标注内容和格式见表6.1.1。

梁 板 标 注 表　　　　表6.1.1

桥　名	××××大(中、小)桥
编　号	第××跨左(右)-××
浇筑日期	××××年××月××日
张拉日期	××××年××月××日

（3）预制梁编号沿里程增长方向按左、右幅分别从右侧向左侧编起（见图6.1.1）。

6.1.2 施工流程

施工流程见图6.1.2。

6.1.3 先张法空心板梁预制施工

1）预制台座

（1）预制梁的台座应采用适宜的材料和方式制作，保证其坚固、稳定、不沉陷，底模顶面模板宜采用厚度不小于6mm的钢板。其他要求应按照《高速公路施工标准化技术指南　第一分册　工地建设》相关章节的规定执行。

（2）在设置台座时，宜采用槽钢作为台座的包边，槽口应向外，采用直径略大于槽口尺寸的高强橡胶管填塞，利用侧模顶紧橡胶管达到有效止浆，防止梁底漏浆。

（3）施工单位和监理工程师应定期对台座进行复测检查，非软基区域的台座，每3个月应复测1次，软基区域的台座，每月应复测1次，并应建立观测数据档案，分析台座的沉降情况，发现异常时应及时处理。

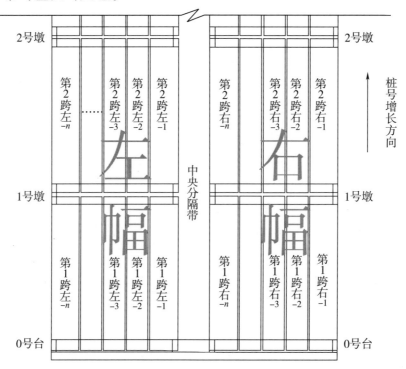

图6.1.1 预制梁编号顺序示意图

2）模板

（1）外模应采用整体钢模（见图6.1.3-1），钢板厚度不得小于6mm，侧模的长度宜稍长于设计梁长，底模应光滑平整。

（2）空心板梁芯模宜采用组合模板（见图6.1.3-2）。

3）钢筋安装

（1）钢筋安装时应准确定位，伸缩装置及防撞护栏的预埋钢筋应采用辅助措施进行定位。

（2）空心板梁铰缝钢筋安装时应保证其与模板密贴，并应采取有效措施固定，保证混凝土拆模完毕后能够立即人工凿出。

（3）应严格控制芯模的定位钢筋，严禁少放。

4）预应力施工

（1）钢绞线安装时不得碰到底板上的脱模剂，防止影响钢绞线与混凝土的黏结。

（2）钢绞线的失效段应采用具有一定刚度的塑料管，塑料管直径宜稍大于钢绞线直径，且端头应可靠密封，保证失效段与混凝土完全分隔开。

（3）在张拉端和固定端宜采用连接器将钢绞线与螺杆连接，避免预应力筋的浪费。

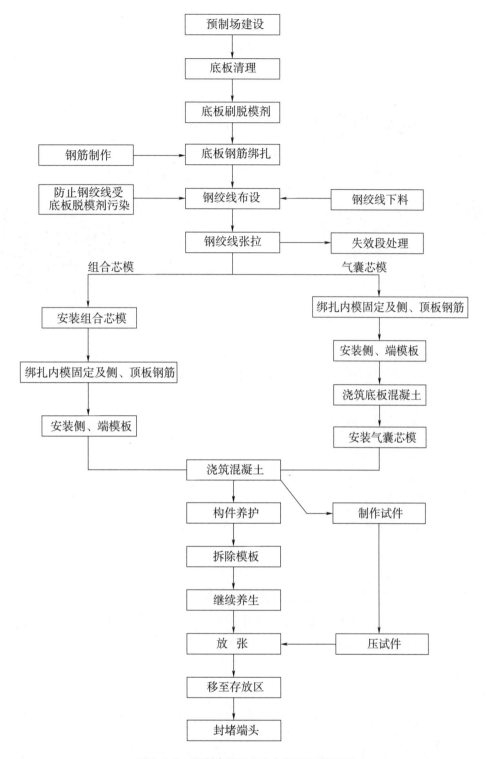

图 6.1.2 预制先张法空心板梁施工流程图

（4）整体张拉时，先用穿心式小千斤顶单根调至初应力并用螺母锚固，以此法逐根初调，直至一组全部初调完毕。在张拉端可用两只大千斤顶推动活动锚箱进行张拉，为保持活动锚箱平衡，千斤顶应同步顶进。先张拉至 2 倍初应力记下钢绞线伸长读数，然后继续张拉。

（5）整体张拉时,若因千斤顶行程较小,达不到计算伸长值,可在活动锚箱与固定锚箱间用大块垫块保持行程。张拉至张拉控制应力记下钢绞线伸长读数,螺杆可用螺母锚固,千斤顶回油并松开连接套,即可将活动锚箱及千斤顶移动至另一个生产线进行张拉。

图6.1.3-1　空心板梁整体钢模

图6.1.3-2　空心板梁芯模

（6）整体张拉宜以2倍初应力至张拉控制应力间的伸长值推算张拉伸长值。

（7）预应力张拉的其他要求应按第3章3.4节的相关规定执行。

5）混凝土浇筑

（1）空心板梁浇筑时应按底板、腹板、顶板顺序进行,浇筑腹板时不应正对内模及外模翼板位置处下料。

（2）混凝土的浇筑应连续进行,浇筑宜从一端到另一端,且应保证在下层混凝土初凝前开始上层混凝土的浇筑。

（3）混凝土浇筑的其他要求应按第3章3.3.11条的相关规定执行。

6）养护及封端

（1）梁体混凝土浇筑完成后,应及时对混凝土进行养护。梁板内箱应蓄水养护,水深应不小于50mm;顶面可采用土工布覆盖养护;腹板侧面应采用自动喷淋养护,喷淋系统应具备足够水压,确保淋湿所有外露面。养护时间不小于7d。

（2）预制梁板放张后方可进行两端的封端施工,防止内腔空气不流通,温度高致使温度梯度过大,导致开裂。

7）预制梁存放

（1）预制梁吊移出预制底座时,混凝土强度不得低于设计所要求的吊装强度。吊装应使用专用吊具。

（2）存放堆梁垞应坚固稳定,且宜高出地面200mm,并应定期检查堆梁垞地基的稳定性。

（3）存梁垫木材料应采用承载力足够的非刚性材料且不能污染梁底,可采用硬质杂木,且预制梁的一端与垫木的接触面积不宜小于0.15m²。垫木位置应布置在支座位置,避免梁端悬臂长度过大引起断梁事故。

（4）存梁水平分层堆放时,堆放的层数应根据梁的强度、堆梁垞的承载力、垫木强度以及已堆梁的稳定性而定,各层之间应用垫木隔开,各层垫木应在支座位置且在同一竖直线上。

6.1.4 质量控制

(1)空心板梁铰缝钢筋应严格按设计数量预埋,空心板梁安装前应将铰缝钢筋从腹板混凝土中扳出,铰缝钢筋如埋入混凝土太深而不能扳出,应进行植筋处理。

(2)应保证伸缩装置预埋筋、泄水孔、防撞护栏预埋筋、吊环等预埋件安装准确、无缺漏。

(3)空心板梁安装前,应进行全面检查,重点检查长度、梁底有无裂纹等,发现缺陷应及时处理。

(4)空心板梁混凝土表面应平整、光滑、色泽一致,无明显模板接缝、漏浆、蜂窝、麻面等缺陷,水泡、气泡小且少,外观线条顺畅,边梁翼板边缘线顺直、平整。

6.1.5 成品保护

(1)钢绞线张拉和钢筋绑扎后,成型钢筋应不松动、不扭曲、不污染。

(2)浇筑混凝土时,应保护好钢筋和模板不松动、不移位、不变形。

(3)拆除模板时应保护好梁体不被碰撞。

(4)放张时应缓慢进行,保护好梁底、端部,避免掉角。

(5)预制梁移出、堆放、吊装时,均应做好保护措施,防止被碰撞。

(6)应排除预制梁内积水、杂物后再封堵端头。

6.2 后张法预应力梁预制

6.2.1 一般规定

(1)后张法预应力梁预制应由专业队伍施工。

(2)应熟悉施工图纸和设计资料,复核T梁、组合箱梁、宽幅空心板的长度、细部尺寸、预应力管道坐标等技术指标,完成有关技术文件和专项施工方案的编制,开工报告应经审核批准。

(3)应计算预应力筋控制张拉力及复核张拉伸长量,复核预制梁支座预埋钢板位置及四角高程,复核T梁、组合箱梁、宽幅空心板横坡与图纸设计横坡是否相符。

(4)其他事项应按本章6.1.1条的相关规定执行。

6.2.2 施工流程

施工流程见图6.2.2。

6.2.3 后张法预应力梁预制施工

1)后张法预制台座

（1）预制梁台座两端必须加强，以满足梁板张拉起拱后基础两端的承载力要求，同时应在台座上设置沉降观测点进行监控。

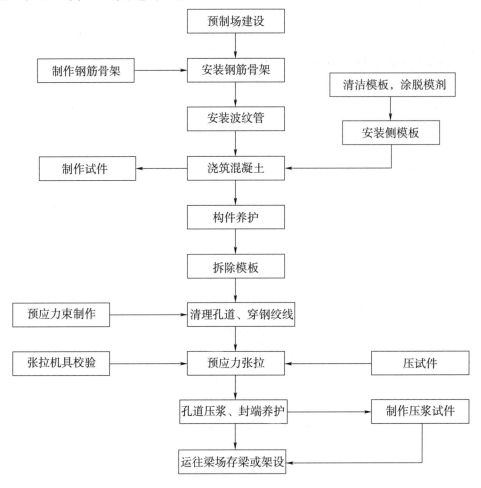

图 6.2.2　预制后张法梁施工流程图

（2）为适应预制梁采用捆绑式起吊出坑的要求，可在离预制梁两端各 60～90cm 位置处将部分台座改成活动式底板支撑，活动式底板支撑与台座同宽，长度 15～20cm，起吊预制梁时将其从台座移出，以便于捆绳进出。

（3）其他事项应按本章 6.1.3 条第 1）款的相关规定执行。

2）模板施工

（1）预制梁的外模应按本章第 6.1.3 条第 2）款的相关规定执行。

（2）内模应采用定型钢模，钢板厚度应不小于 3mm，内模安装前应按模块编号并进行试拼。

（3）翼缘模板应设置加劲肋，加劲梁宽度应小于翼缘环形钢筋的设计净距，间距应为翼缘环形钢筋间距的整数倍，保证不影响翼缘环形钢筋的安装。

（4）组合箱梁翼缘侧面梳形模板的钢板厚度应不小于 10mm，保证浇筑混凝土时模板不变形、不移位。

（5）横隔板底模不应与侧模连成一体，应采用独立的钢板底模，保证侧模拆除后横隔板的底模仍能起支撑作用。该底模在张拉施工后方可拆除，避免横隔板与翼缘、腹板分界处出现因横隔板过早悬空而产生裂纹。

（6）横隔板端头宜采用整体式模板，模板上应严格按设计规定的钢筋位置、间距进行开槽、开孔。

（7）应及时更换变形的模板，对梳形板、预留孔洞、拼接缝等易漏浆部位，应采取有效的堵浆措施，宜使用强力胶皮、泡沫填缝剂、高强止浆橡胶棒等进行止浆，严禁使用砂浆、布条、海绵止浆。

（8）模板安装后（见图6.2.3-1），应按有关规定对台座反拱、模板的安装进行检查，尤其应检查梁宽、顺直度、模板各处拼缝、模板与台座接缝及各种预留孔洞位置。

（9）端模板应与侧模和底模紧密贴合，并应与孔道轴线垂直，保证预留孔道位置的精确。

图6.2.3-1　模板安装

（10）横坡变化的T梁翼缘模板宜设置可调节螺杆，按设计要求调整横坡。严禁使用固定不可调整的横坡模板来施工横坡变化的T梁。

3）钢筋施工

（1）钢筋宜采用在专用胎架上绑扎成型，再整体吊装的方式安装。胎架上应准确标记出构造钢筋的位置，以有效确保钢筋安装位置的准确并避免钢筋缺失（见图6.2.3-2）。

（2）钢筋在绑扎、安装时宜采用定位架准确定位（见图6.2.3-3），伸缩装置及防撞护栏预埋筋、翼缘湿接缝环形钢筋宜采用辅助措施进行定位；横隔板钢筋宜采用定位架安装，确保位置、间距符合设计要求。

图6.2.3-2　面板钢筋加工模具

图6.2.3-3　钢筋定位架

（3）梁端的预留钢筋不应贴模预制后再扳起，端模、端部侧模应根据设计规定的钢筋位置、间距进行开槽、开孔，保证预制梁端头横向钢筋通长设置。

（4）部分钢筋位置冲突时，严禁随意切割，钢筋避让时，应遵循普通钢筋让预应力钢筋，次要钢筋让主要钢筋的原则。当无法避让时，经设计和监理工程师同意后可适当改变冲突处钢筋的加工形状。

(5)支座预埋钢板应进行热浸镀锌防锈处理,宜在钢筋绑扎前采用树脂等材料粘贴在底模上,防止在混凝土浇筑时上浮、移位。

4)波纹管、锚垫板安装

(1)宜采用螺栓从端模外侧固定锚垫板,端模与侧模宜采用螺栓固定,以控制梁长和锚垫板的位置准确,保证预留孔道位置的精确和方便拆模。

(2)波纹管、锚垫板的其他要求应按第3章3.4.2条的相关规定执行。

5)负弯矩区预埋施工

(1)宜在顶板全厚度预留张拉槽口,负弯矩张拉完成后全断面浇筑恢复,以避免槽口底层混凝土因厚度薄难以保证混凝土质量的问题。

(2)张拉槽模板宜采用以下方式。

①双梳板与单梳板组合拼装法(见图6.2.3-4):顶板双层钢筋网绑扎结束后,首先安装双梳板,用双梳板的一侧固定下层钢筋网,下层钢筋网用垫块加以固定,并保证钢筋保护层厚度;然后用单梳板与双梳板的另一侧来固定上层钢筋网,并用扎丝固定即可。负弯矩张拉时,将顶层钢筋弯起;张拉、压浆结束后,将顶层钢筋调直复位,焊接恢复。

②倒梯形整体梳形板法(见图6.2.3-5):应有足够的刚度和强度,钢板厚度应不小于6mm。负弯矩扁锚可用螺栓固定在倒梯形整体梳形板上,保证扁锚位置准确。

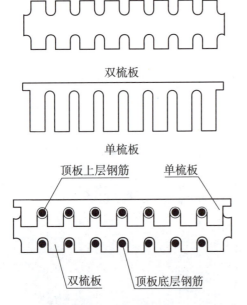

图6.2.3-4 双梳板与单梳板组合

图6.2.3-5 倒梯形整体梳形板

③端部负弯矩波纹管宜伸出混凝土50~100mm,不应过长或过短,并包裹进行保护,便于梁安装后进行连接。

6)混凝土施工

(1)T梁混凝土的浇筑宜采用斜向分段、水平分层等方法一次浇筑完成,不应设施工缝。

(2)梁长大于20m的组合箱梁、宽幅空心板宜由梁两端同时向跨中,按底板、腹板、顶板的顺序浇筑混凝土,先浇筑底板混凝土长度约8~10m后,再阶梯式浇筑腹板、顶板混凝土。当腹板混凝土的分层坡脚到达底板8~10m位置后,底板再向前浇筑8~10m位置,以此类推浇筑至跨中合龙。

（3）组合箱梁、宽幅空心板混凝土浇筑时，底板混凝土应从顶板预留工作孔下料，浇筑至底板与腹板结合处，底板浇筑完成一段可采用木板或3mm钢板封底，再浇筑腹板、顶板混凝土。浇筑底、腹板时不应正对预应力孔道或外模翼板下料。

（4）料斗移位时，应防止混凝土撒落在顶板内模上形成干灰或灰渣，侧腹板混凝土的下料和振捣应对称、同步进行，以避免内模偏位。

（5）模板边角、锚垫板下、预应力管道位置处等大型振动器振动不到的地方应辅以小型插入式振动器，预制梁顶板可采用平板振动器振捣。对T梁马蹄部位宜增设附着式振动器。

（6）预制梁的拆模时间应严格控制，防止顶板及翼板塌陷造成腹板上方顶板发生纵向裂缝。

（7）组合箱梁防止内模上浮的反压装置宜在完成底、腹板混凝土浇筑后，顶板浇筑前逐段解除反压装置，或在拆除内模时解除反压装置，不宜在顶板浇筑后立即解除反压装置，以防内模反作用力在混凝土强度形成前使箱梁内腔顶板倒角处出现裂缝。

7）预应力施工

（1）预应力材料要求及张拉工艺应按第3章3.4节的相关规定执行。

（2）锚头部位混凝土出现裂纹时，应立即停止张拉，查明原因。

（3）每个预制梁场在第一片梁张拉完成后，有条件时可委托有资质的检测单位对其进行锚下应力状态的检测，对张拉施工质量进行监督和评价，并分析总结经验。

8）后张法梁的养护及其他事项

应按本章第6.1.3条第6）款的相关规定执行。

9）梁板的存放

（1）对后张法构件，在孔道压浆前不得安装就位，压浆后，应在浆液强度达到规定的强度后方可移运和吊装。

（2）T梁应采用木方支撑到位，或使用特制的钢支撑架，防止倾覆，斜撑应设于翼板根部，不得撑于翼板外缘（见图6.2.3-6）。

（3）用于存放预制组合箱梁、宽幅空心板的枕梁（垫木）宜设在梁端（临时）支座位置，且以不影响梁吊装为原则。

图6.2.3-6 T梁堆放

（4）梁板吊装、垫木材料、存梁底座及梁板堆放的要求应按照本章第6.1.3条第7）款的相关规定执行。

6.2.4 质量控制

（1）波纹管应安装牢固，接头密合，弯曲圆顺。锚垫板平面应与孔道轴线垂直。

（2）孔道压浆的浆液性能和强度应符合要求，压浆时排气、排水孔溢出浆液浓度与拌制相同时方可封闭。

(3)压浆完成后,所有进出浆口应予封闭直到浆液凝固前,所有塞子、盖子或气门均不得移动或打开,以保证预应力孔道全部充浆。

(4)采用焊接形式的调平钢板应四周满焊,并经监理工程师检查同意后方可采用砂浆勾通缝,在存梁前应对钢板打磨并涂防锈漆。

(5)预制梁预埋件、外观质量要求应按本章6.1.4条的相关规定执行。

6.2.5 成品保护

(1)对存梁区的梁外观应注意保护,防止被泥水和压浆时的浆液污染。

(2)预制梁完成后,应及时清理箱内垃圾,疏通通气孔,保证箱内积水排出,避免冬季冻胀导致梁体破坏。

(3)预制梁的模板拆除、吊运等过程中的成品保护应按照本章6.1.5条的相关规定执行。

6.3 预制梁安装

6.3.1 一般规定

(1)预制梁安装应由专业队伍施工。

(2)开工前应复核预制梁长度、细部尺寸、角度等技术指标,完成安装专项施工技术方案和安全专项施工方案的编制,并经审核批准;墩台已经施工完成达到承载要求,垫石、支座经验收高程、平整度等指标符合要求。

(3)跨径小于25m的陆上预制梁,结合地形条件可采用吨位符合要求的自行式吊车架设。安装作业宜采用两台吊车抬吊,应专人指挥,注意吊车的相互配合。

(4)跨径大于或等于25m的梁宜使用架桥机、跨墩龙门架或其他适合的专用大型机具设备。

(5)安装前应进行作业环境调查,针对运输、架设作业范围内的障碍物、高压输电(塔)线路等应采取避让措施。

(6)安装前应对拟安装的预制梁逐片进行检查,重点是通气孔、泄水孔疏通,箱内废旧模板等垃圾清理,同时应核对编号,保证准确就位;应在盖梁顶面弹墨线确定安装位置,同时应按设计和规范要求严格控制伸缩装置位置的宽度。

(7)同一跨梁存梁期宜保持一致,避免起拱值差异过大。

(8)施工组织中预制梁安装能力应与生产能力相匹配。

6.3.2 施工流程

施工流程见图6.3.2。

6.3.3 预制梁安装施工

(1)预制梁安装时,应采用专业厂家生产的架桥机或吊车,架桥机或吊车选型应满足起吊位置处最大起重量的1.2倍的安全系数,严禁采用人字桅杆架设。

(2)预制梁吊离台座时,应检查梁底的混凝土质量(主要是空洞、露筋、钢筋保护层等),运送到现场安装前应经检验合格,外购梁应附有质保资料。

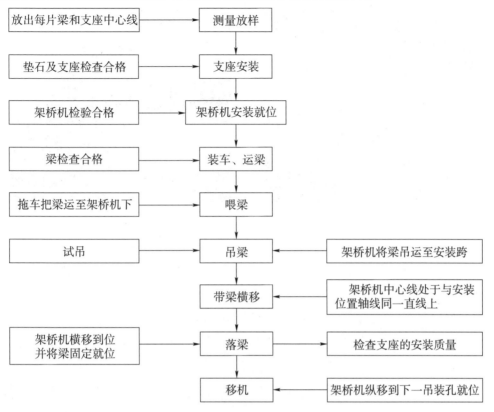

图 6.3.2 预制梁安装施工流程图

(3)预制梁架设前应清除支座钢板的铁锈和砂浆等杂物,补做防锈处理。同时应检查各片梁的起拱情况,对同一规格的梁宜根据起拱情况适当调整安装位置,应尽可能使一孔内各片梁的起拱值差异最小。

(4)预制梁移运时的吊点位置应符合设计规定,设计未规定时,应根据计算决定。采用吊环时必须使用未经冷拉的热轧光圆钢筋制作,且吊环应顺直。吊绳与起吊构件的交角小于60°时,应设置吊架或起吊扁担,改善吊环受力。

(5)对吊运工具、架设安装设备应按实际施工荷载进行强度、刚度和稳定性验算。

(6)应严格控制就位安装,预制梁上的预留泄水孔、护栏预埋钢筋应在同一轴线上。

(7)预制梁安装初吊时,应先进行试吊。试吊时,先吊离支承面约 20~30mm 后暂停,对各主要受力部位做细致检查,经确认受力良好后,方可撤除支垫,继续起吊。

(8)预制梁装车时,重心线与车辆纵向中心线的偏差宜小于10mm,可在梁端的顶部中心挂线锤,检查梁端面上的竖向中线,检查梁是否正直不向两侧倾斜。预制梁应按设计支点放置,设计未规定时,后支点离梁端不应超过 1.5m,防止后支点外悬臂过长,导致出现结构性损伤。预制梁装车后宜对梁端两侧进行临时固定(支撑),防止侧倾。便道上运梁车的行驶速度严禁超过5km/h(见图 6.3.3-1)。

(9)预制梁的起吊、纵向移动、横向移动及就位等,应统一指挥、协调一致,按预定的施工顺序进行(见图 6.3.3-2)。施工顺序应根据设计和架桥机的性能确定。

(10)预制梁的起吊应平稳、匀速,两端高差不应大于300mm,下放时,应先落一端,再落另一端。

图6.3.3-1 预制梁运输

图6.3.3-2 架桥机安装作业

(11)预制梁安放时应就位准确、与支座密贴,就位不准确调整梁纵、横向位置时,严禁仅吊起一端用撬棍移动预制梁,应整体二次垂直起吊移动后再下落,保证支座均衡受力,避免损坏支座。

(12)T梁的横移应采用横向滑道,严禁横向强行拖拉。

(13)预制梁的移动应设置临时固定(支撑),防止侧翻。待完全放稳固定后(对T梁还应确认两端侧斜撑已固定完好),方可拆除吊具。

(14)在铺设移跨轨道时,横向坡度应水平,纵向坡度不得超过3%。枕木距离应能确保安全。

6.3.4 质量控制

(1)安装后应做到各梁端整齐划一,梁端缝顺直,宽度符合要求。不得有硬伤、掉角和裂纹等缺陷。

(2)应检查验收预制梁的尺寸,特别是在坡道、弯道上和斜交的桥梁应重点核查,避免出现差错造成安装困难。

(3)采用砂箱(筒)作临时支座时,在首片预制梁安装前应对临时支座进行压载试验,确定临时支座的压缩量。砂箱(筒)用砂应过筛并炒(晒)干处理。

6.3.5 成品保护

预制梁安装过程中,吊具、捆绑钢丝绳与梁底面、侧面的拐角接触处,应安放护梁铁瓦或消力橡胶垫,避免钢丝绳等损伤混凝土表面及钢丝绳被剪断出现安全事故。

6.4 支架上现浇箱梁

6.4.1 一般规定

(1)开工前应复核现浇箱梁的高度、宽度、细部尺寸等技术指标,制订支架现浇箱梁专项施工技术方案和安全专项施工方案,并经审核批准;基础及下部构造已经施工结束,质量验收合格。

(2)现浇箱(板)梁的支架应进行专项设计,应根据结构形式、设计跨径、荷载大小、地基土类别及有关的设计、施工规范,对支架的整体结构、立杆、配件、节点、地基和其他支撑物等进行强度、刚度和稳定性验算。

(3)支架专项设计应包括设计说明书、设计计算书、预计的总变形值(支架基础沉降、接缝压缩值及接头承压弹性变形值)和允许值、支架材料数量表、支架总装图、细部构造图、上部结构浇筑图(注明浇筑混凝土程序及施工缝位置)等。

(4)支架搭设前应结合施工现场环境,彻底排查清施工区域内的地下管线(管道、电缆、光缆)、地下构筑物、危险建筑的分布情况,制订相关方案措施。

6.4.2 施工流程
施工流程见图6.4.2。

6.4.3 支架上现浇箱梁施工

1)现浇支架

(1)支架形式可采用满布式或梁式,其适用范围可按表6.4.3-1选用;支架可采用钢支架、木支架、钢木混合支架或采用贝雷桁架、万能杆件等定型钢构件进行拼装,具体采用何种形式和材料应结合施工的实际情况进行选择。

支架适用范围　　　　　　　　　　表6.4.3-1

支架类型	适 用 范 围
满布式	用于陆地或不通航河道的桥梁施工,支架最大高度不超过20m,高宽比不大于2,适用于砂性类土及黏土、亚黏土
梁式	根据跨径不同,梁可采用工字钢、钢板梁或钢桁梁;工字钢适用于跨径小于10m的情况,钢板梁适用于跨径小于20m的情况,钢桁梁适用于跨径大于20m的情况,适用于淤泥质亚黏土。 用于桥梁较高、跨径较大或必须在支架下设孔通航或排洪时的情况

(2)对多跨连续箱梁,其边跨支架可设置水平位移机构,以利于箱梁混凝土在施加预应力及温度变化过程中发生收缩。

2)支架地基处理

(1)支架地基应进行处理,地基有斜坡的应施作平台并避免立杆悬空,保证现浇施工安全。采用满布式支架时地基承载力宜不低于100kPa,地基处理后宜采用厚度不小于100mm的C20混凝土进行硬化处理。

(2)地基处理范围至少应宽出支架之外1.0m,地基处理完成后,应尽快做好排水边沟及集水井等设施,避免地基被雨水浸泡。

3)支架搭设、预拱度设置及底模、侧模安装

(1)支架搭设

①搭设支架时应做到横杆水平、立杆竖直,还应加设纵、横及水平剪刀撑,以增加整体支架的稳定性(见图6.4.3-1)。

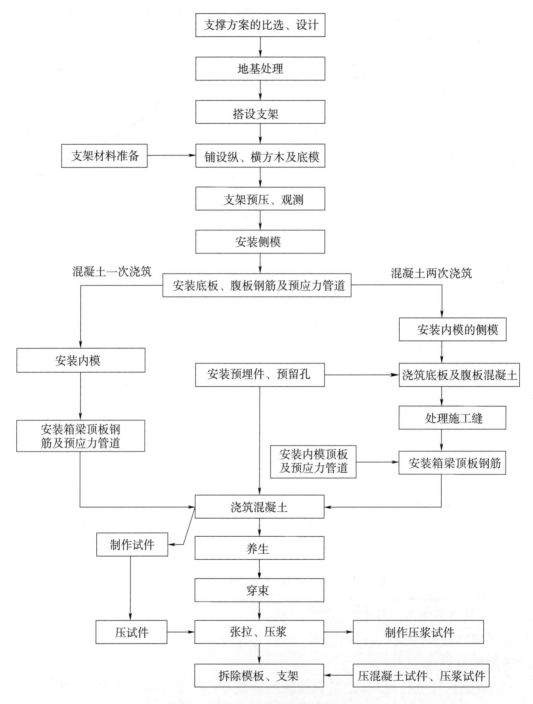

图6.4.2 支架上现浇箱梁施工流程图

②支架的排距、间距,扫地杆,纵横、水平剪刀撑设置,扣件螺栓紧固力矩等,应满足相应规范要求。安装后的支架严禁出现超容许范围的沉陷、变形,连接应牢固,保证安全可靠。

③满布式支架的立杆底端应设可调底座或固定底座,立杆顶端应设可调托座或固定托座,且顶托应支撑在模板主肋处,其自由端长度应满足相应规范要求。

④在梁式支架中,宜设置砂筒、千斤顶或楔块,用于调整模板的高程及用作模板的卸落装置。

⑤严禁使用土胎替代支架浇筑混凝土梁。

(2)预拱度设置

①对结构本身需要的预拱度,其设置应按设计要求考虑,设计未规定时,可自跨中向两端按二次抛物线进行分配。

②施工所需预拱度的取值应根据支架预压的实际情况进行调整。预留施工的沉降数据值可参考表6.4.3-2。

图6.4.3-1 支架搭设示意图

预留施工沉降值参考数据表　　表6.4.3-2

项　目		数　据	说　明
接头承压非弹性变形	木与木	每个接头顺纹约2mm,横纹约3mm	
	木与钢	每个接头约2mm	
卸落设备的压缩变形	砂筒	2～4mm	
	木楔或木马	每个接缝约1～3mm	
支架基础沉陷	底梁置于砂土上	5～10mm	
	底梁置于黏土上	10～20mm	
	底梁置于砌石或混凝土上	约3mm	
	打入砂中的桩	约5mm	
	打入黏土中的桩	约5～10mm	桩承受极限荷载时用10mm,低于极限荷载时用5mm

(3)底模及侧模安装

①底模安装前应复核支座的中心位置、轴线偏差、型号及活动支座滑移方向。

②模板安装时其拼接缝应平整、顺直、严密,纵横成线,应避免出现错缝现象。

③模板安装后应整体测量高程,对不合格的部位应进行调整。

④无论使用何种支架,均应按计算或支架预压沉降观测结果对底模设置预拱值。

4)支架预压

(1)浇筑混凝土之前,应对支架进行预压,以消除支架地基的不均匀沉降和支架的非弹性变形,并获取弹性变形参数,检验支架的安全性。设计未规定时,预压荷载宜为支架需承受全部荷载的1.05～1.10倍。

(2)加载方法

①支架的预压可采用加水袋或沙袋等方式进行(见图6.4.3-2、图6.4.3-3)。预压荷载的分布应模拟需承受的结构荷载及施工荷载。

②应采取分次分级的方式进行预压。设计无具体规定时,第一次可按30%的荷载预压,第二次按70%的荷载预压,第三次按100%的荷载预压。加载时应专人清点、记录、观测沉降。

(3)加载前应布设好观测点,观测点的点位应上下对应,以观测地基的沉降量(垫木上)及支架、方木的变形量(底模上)。观测点的数量应为横、纵向每2m一个。设计无规定时,对黏土及亚黏土地基,预压时间宜不少于7d,且连续3d累计沉降不超过3mm,即视为沉降已稳定;对砂性土地基,连续3d累计沉降不超过3mm即可。

图6.4.3-2 水袋预压示意图

图6.4.3-3 沙袋预压示意图

(4)支架的预压应加强稳定性观测,确保安全,一旦发现变形量不收敛,则应立即采取卸载或紧急撤离等措施。

(5)加载和卸载程序应严格根据结构特点进行。

5)内模定位

(1)内模应避免漏浆,内模与底模之间宜每隔1.0m左右设置与底板同厚度的垫块。

(2)箱梁混凝土全断面一次浇筑时,应采取措施防止内模产生上浮、下沉或移位。

(3)箱梁混凝土分两次浇筑时,第一次可只立内模侧板,在底板和腹板混凝土浇筑完成后再立顶板内模。

图6.4.3-4 塑料波纹管

6)钢筋的加工及安装

钢筋的加工及安装应按本章第6.2.3条第3)款的相关规定执行。

7)波纹管、锚垫板的施工要求

波纹管、锚垫板的施工应按第3章3.4.2条的相关规定执行。现浇箱梁塑料波纹管的安装见图6.4.3-4。

8)混凝土浇筑施工

(1)箱梁混凝土分两次浇筑时,两次浇筑的间歇期不应超过7d,浇筑的分界点宜设在顶板与腹板的交界处,并适当浇高20mm左右,在第二次浇筑前将此20mm混凝土凿除,以保证连接面混凝土的质量。

(2)混凝土浇筑前,应采用高压空气将模板吹干净,或采用吸尘器吸取灰尘、杂物。

(3)混凝土宜采取水平分层、斜向分段、横桥向全断面(以均匀消除沉降)推进式,从低端向高端纵桥向连续浇筑。浇筑混凝土时应先浇筑底板,再浇筑腹板,腹板浇筑时应采取措施,防止腹板混凝土进入底板。

(4)在直线段一次浇筑长度超过 70m 时(对于小半径匝道,长度可适当减小),宜分段浇筑,防止混凝土因收缩和温度变化等因素引起开裂,纵向分段接缝应设在 1/5 跨的弯矩零点附近。

(5)对单箱多室箱梁,其顶板天窗不应设置在同一横向断面上,天窗开口应为上大下小的倒梯形状,天窗封闭后,应对混凝土进行覆盖养生。

9)养护

混凝土浇筑完毕待二次收浆后,宜采用浸水土工布覆盖养护,保证混凝土表面始终处于湿润状态,养护时间应不少于 7d。

10)预应力施工

(1)钢绞线宜在一联混凝土全部浇筑完成后再进行穿束。

(2)预应力张拉、压浆、封锚、封端等应按第 3 章 3.4 节的相关规定执行。

11)模板拆除及卸架

(1)模板、支架的拆除期限、顺序、卸落程序等应严格按照施工图设计的要求进行,设计未要求时,应按第 3 章 3.2.5 条的规定执行。

(2)梁的落架程序应从梁挠度最大处的支架节点开始,逐步卸落相邻两侧的节点,卸落应对称、均匀、有顺序地进行;同时各节应分多次卸落,使梁的沉降曲线逐步加大。通常,支架现浇箱梁应从跨中向两端进行。

(3)模板拆除及卸架工作应在白天进行,且卸落支架时应由专人负责指挥。

6.4.4 质量控制

(1)箱梁翼缘及底板线形应顺畅,不应出现芯模上浮或下沉的现象。

(2)箱梁底板集料不外露,不露筋,钢筋保护层厚度应符合设计要求。

(3)箱梁顶面收光、拉毛良好,平整度良好,无裂纹。

6.4.5 成品保护

(1)混凝土达到 2.5MPa 之前严禁人或机械在箱梁混凝土上行走。

(2)应保护好已成型的钢筋骨架,不松动,不扭曲,不污染。

(3)拆模时不应振动、重敲、强扭,应防止薄板、变截面处混凝土产生裂缝。

(4)应按设计要求在箱梁翼缘位置设置滴水槽,以防止桥面雨(污)水污染箱梁底面。

6.5 移动模架逐孔现浇箱梁

6.5.1 一般规定

(1)本节内容适用于大跨径预应力混凝土等高简支梁桥、连续梁桥等结构的逐孔现浇施工。

(2)移动模架 MSS(The Movable Scaffolding System)分为上行式和下行式两种类型,宜采用定型产品。本节按下行式编写,上行式可参照执行。

（3）应熟悉施工图纸和设计资料，复核移动模架现浇箱梁高度、宽度、细部尺寸等技术指标，编制移动模架现浇箱梁专项施工技术方案和安全专项施工方案，并经审核批准。

（4）移动模架应进行试压，以消除模架结构的各种非弹性变形，检验承重钢梁和支撑系统的承载能力、刚度和安全性，观测框架结构的弹性变形，了解其挠度值在施工中的变化情况等。

（5）移动模架过孔时，必须严格遵守对称、同步原则。移动模架系统必须具备限位和紧急制动装置，防止模架移动时失控。

（6）墩台已经施工完成达到承载要求；垫石、支座验收合格，高程、平整度等指标应符合要求。

6.5.2 施工流程

施工流程见图 6.5.2。

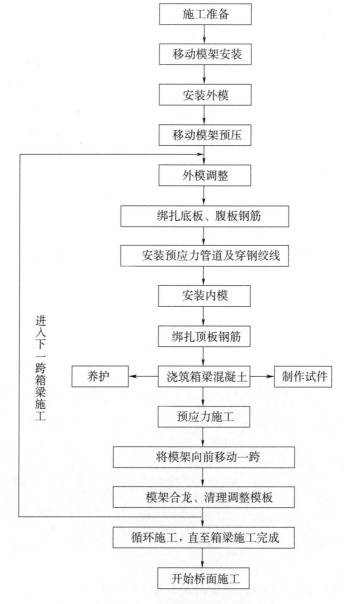

图 6.5.2 移动模架施工流程图

6.5.3 移动模架施工

1）移动模架系统设计、验收

（1）移动模架由承重主梁、导梁、挑（鼻）梁、吊梁、底模架、横移滑架、支腿横梁以及支腿转移卷扬机组成；两个支撑在牛腿上的钢结构主梁支承外模板，下行式两主梁通过牛腿支架支撑在桥墩柱上。上行式两主梁通过前端支架支撑在桥墩柱上，后端直接支承在墩位支座处的箱梁顶面。移动模架宜配置全液压系统，行走以及支模等由液压系统完成。

图 6.5.3-1 下行式移动模架牛腿

①牛腿（下行式）

牛腿主要作用是支撑主梁，将施加在主梁上的荷载通过牛腿传递到墩身（或承台）上。移动模架的支承系统应安全可靠，应具有足够的承载能力、刚度和稳定性（见图6.5.3-1）。

②主梁、鼻梁

主梁承受箱梁施工时的全部荷载，移动模架过跨时鼻梁起引导和承重作用（见图6.5.3-2、图6.5.3-3）。

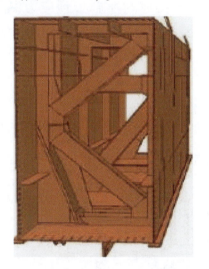
图 6.5.3-2 下行式主梁示意图

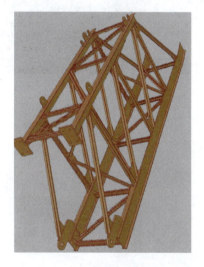
图 6.5.3-3 下行式挑（鼻）梁示意图

③横梁（下行式）

支撑底模和侧模，调节底模高程（见图6.5.3-4）。模架应设置预拱度，预拱度值应经计算并参考荷载试验结果确定。

④外模

外模由底板、腹板及翼缘板组成，能随主梁打开、合龙和行走。

⑤内模

箱梁内模板采用组合式模板（见图6.5.3-5）。

图 6.5.3-4　下行式工字形横梁模架

图 6.5.3-5　组合内模

⑥横、纵移小车

横、纵移小车是移动模架的行走系统（见图 6.5.3-6）。

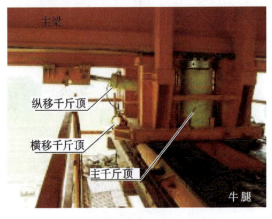

图 6.5.3-6　横、纵移小车

⑦后横梁

模架的后端宜设置后吊点，应使模架中的模板与已浇梁段的悬臂端梁体紧密贴合，防止该处产生错台或漏浆（见图 6.5.3-7）。

（2）模架的功能、承载能力、长度、模板尺寸及支承系统等，应与所施工预应力混凝土连续梁的各项要求相适应，设计制造厂家应提供模架的产品质量合格证书，以及操作手册等相关技术文件。

2）移动模架拼装

（1）通常应按照产品的操作手册进行。如拼装位置高、起重设备能力有限，应编制因地制宜的拼装方案，并通过评审，保证拼装期间的施工安全。

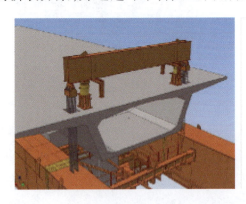
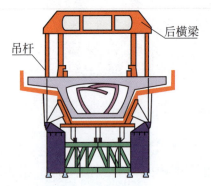

图 6.5.3-7　后横梁的位置

（2）拼装方法有多种：

①在地面上拼装成整体，在墩顶上设计专用起重设备整体吊升固定。

②主梁在地面上拼装成整体，用大型起重设备将主梁逐一吊装，再将挑鼻梁、内模、外模等先后拼装。

③在首孔中间设置临时支墩,在设计高程位置将主梁拼装成整体,再将挑鼻梁、内模、外模等先后拼装。

(3)拼装完成后应对其拼装质量进行检验,并应在首孔梁浇筑位置就位后进行荷载试验,检验和试压合格后方可正式使用。

3)移动模架静载试验

(1)移动模架现浇混凝土施工前应进行试压,以检验移动模架的合理性和结构的可靠性,记录移动模架的变形情况,为调整预拱度提供参考。

(2)加载和卸载方法、步骤按本章6.4.3条第4)款的相关规定执行。

4)混凝土施工

(1)首孔梁浇筑混凝土前,应做好施工前的各项准备工作,制订详细的施工方案、施工工艺、各项保障措施及应急预案;浇筑施工时,应对模架进行挠度监测,监测的数据及分析结果应作为修正模架预拱度的依据。首孔梁的混凝土在顺桥向宜从桥台(或过渡墩)开始向悬臂端进行浇筑。

(2)中间孔梁宜从悬臂端开始向已浇梁段推进浇筑,末孔宜从一联中最后一个墩位处向已浇梁段推进浇筑,最终与已浇梁段接合;梁体混凝土在横桥向应对称浇筑。连续梁逐孔现浇的纵向分段接缝位置应符合设计规定;设计未规定时,宜设在1/5跨的弯矩零点附近。

(3)任一孔梁的混凝土浇筑施工完成后,内模中的侧向模板应在混凝土抗压强度达到2.5MPa后,顶面模板应在混凝土抗压强度达到设计强度等级的75%后,方可拆除;外模架应在梁体建立预应力后方可卸落。

(4)模架横移和纵向移动过孔前,应解除作用于模架上的全部约束。纵向移动时两侧的承重钢梁应保持基本同步,不同步的最大距离偏差应符合产品设计的规定,且应有限位和紧急制动装置;移动到下一孔位置后,应立即对模架进行准确就位并固定。模架在移动过孔时的抗倾覆稳定系数应不小于1.5。

(5)模架的拆除应根据不同的施工环境条件确定相应的拆除方案,并应有可靠的起吊和拆除安全措施,防止发生事故(见图6.5.3-8)。

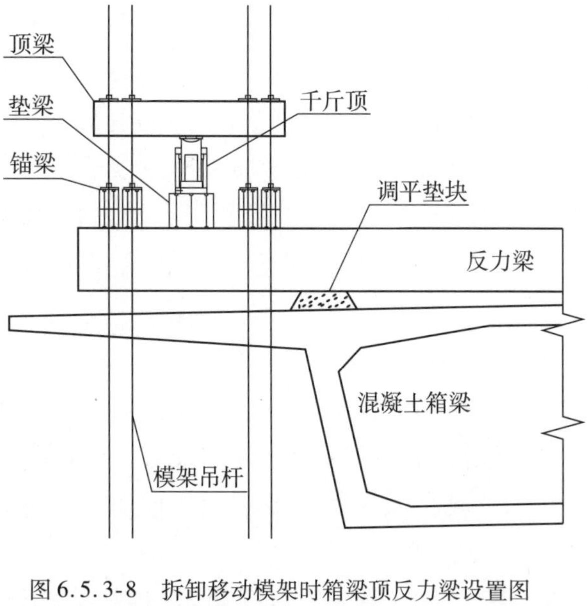

图6.5.3-8 拆卸移动模架时箱梁顶反力梁设置图

5)模架监控

(1)在梁体混凝土的浇筑施工过程中,应随时对模架的关键受力部位和支承系统进行检查,有异常时应采取有效措施及时处理;在移动过孔时,应对模架的运行状态进行监控。

(2)控制好每跨的预拱值,首先在预压的基础上分别确定首跨、中间跨、末跨三种不同工况的预拱值。

(3)正式施工前应进行试运行,每次完成一孔梁的施工均应对模架的关键部位及支撑系统等进行检查,对主要受力焊缝做探伤检测,发现问题应及时处理。

6)养护及其他

(1)为了保证箱梁混凝土的质量,应在混凝土表面覆盖油布或彩条布、土工布等物品。覆盖物应采用预埋钢筋等方式将其支撑起来,以防止覆盖物破坏没有初凝的混凝土表面。冬期施工时移动模架的模板也应做保温处理。

(2)混凝土箱梁断面宜采用工具进行凿毛,凿毛时应在混凝土保护层外侧保留1cm宽的完整边界。

7)预应力施工

预应力施工按第3章3.4节的相关规定执行。

6.5.4 质量控制

(1)浇筑底板与腹板时,应注意控制浇筑时间差,避免出现腹板根部拉裂现象。浇筑顶板前可对腹板顶部的表面做二次振捣。

(2)为保证模架底模与箱梁底板密贴,模架底模后横梁在箱梁底板处的吊点应采用千斤顶紧固,施加力应达到该吊点的全部施工荷载值,翼板底模也同此要求。

(3)箱梁施工必须对称进行,对桥梁轴线和高程进行施工监控,两次接头部位两侧梁、板的高差应在设计和规范允许的范围内,确保桥梁轴线和高程符合设计要求。

(4)在模架移动前,预应力束应及时张拉,在预应力未张拉时,应控制桥面上的临时荷载。

(5)现浇施工过程控制宜遵循变形和内力双控的原则,且宜以变形控制为主。

(6)相邻块段的接缝应平整密实,色泽一致,棱角分明,无明显错台。

(7)线形应平顺,梁顶面应平整,每孔无明显折变。

(8)预应力筋封端宜采用无收缩混凝土。

6.5.5 成品保护

(1)在移动模架时,应对称匀速进行,避免因大的冲击造成对梁的损伤。

(2)桥面上低侧做好挡水设施,防止锈水污染桥面。

(3)成品保护其他要求应按照本章6.4.5条相关规定执行。

6.6 悬臂浇筑预应力连续箱梁(连续刚构)

6.6.1 一般规定

(1)悬浇施工过程中应进行监控,主跨大于80m的桥宜由具有专业资质且有成熟监控经验的单位进行施工过程控制。

（2）应熟悉施工图纸和设计资料，复核悬臂现浇箱梁高度、宽度、细部尺寸等技术指标，完成悬臂现浇箱梁专项施工技术方案和安全专项施工方案，并应通过审批。

（3）悬浇施工的挂篮、0号块支架、边跨支架、合龙段吊架、墩顶临时固结等临时结构应由施工单位进行专项设计，并对临时结构的强度、刚度和稳定性进行验算。

（4）临时结构的专项设计应包括：设计说明书、设计计算书、挂篮（吊架）预计的变形总值（上下横梁、吊带变形等）及允许值（总变形≯20mm）、支架预计的沉降总值（支架基础沉降、接缝压缩值及接头承压弹性变形值）及允许值、材料数量表、总装图、细部构造图等。

（5）应特别注意施工图设计中底板及底腹板倒角位置处防崩钢筋的设置。底板上下两层钢筋网应采用两端带弯钩的竖向钩筋强化连接，使之形成整体骨架。

（6）将挂篮设在已浇箱梁上各传力点的位置及荷载预先提交设计单位，验算施工时箱梁应力是否满足设计要求，如不满足应局部加强或修改挂篮设计。

6.6.2 施工流程

施工流程见图6.6.2。

6.6.3 悬浇箱梁施工

1）挂篮的设计、验收

（1）挂篮应由施工单位根据实际情况设计，并经第三方复核验算，委托专业钢结构厂家生产，设计时应按规范要求保证各项安全系数。

（2）挂篮与悬浇梁段混凝土的质量比宜控制在0.3~0.5；挂篮总质量应符合设计要求；施工、行走时的抗倾覆安全系数、自锚固系统的安全系数、斜拉水平限位系统的安全系数及上水平限位的安全系数均不应小于2。

（3）设计宜采用标准化，保证大多数构件的通用性，避免使用中因构件材料损坏影响施工。

（4）挂篮的行走系统应采用自锚机构，不宜使用配重走行方式，自锚行走机构及轨道应满足局部应力集中的极端工况验算。

（5）挂篮应设计有牢固的通向各个工作面的安全通道、临边防护护栏、照明接入点、喷淋养护水管接入点、张拉吊具吊点、小型机具及材料存放柜等配套设施。

（6）挂篮的外模板应采用大块整体钢模，内模板可采用钢木组合模板。

（7）挂篮构件的连接宜采用销接或栓接模式，尽量减少焊连方式；吊杆连接应采用万向节，保证能自由转动，避免吊杆挠曲，防止发生断裂事故。

（8）对特种钢材的使用应慎重，应尽量采用普通材料制作构件。构件尺寸不宜过大，以避免运输、安装、拼装的不便。

（9）挂篮出厂前应按设计图纸进行试拼，对结构焊缝宜做超声波探伤检查并记录。

（10）挂篮拼装完毕后应由施工单位、监理工程师成立验收小组，对挂篮的构件、连接高强螺栓、销子、吊杆、螺母等进行联合验收。

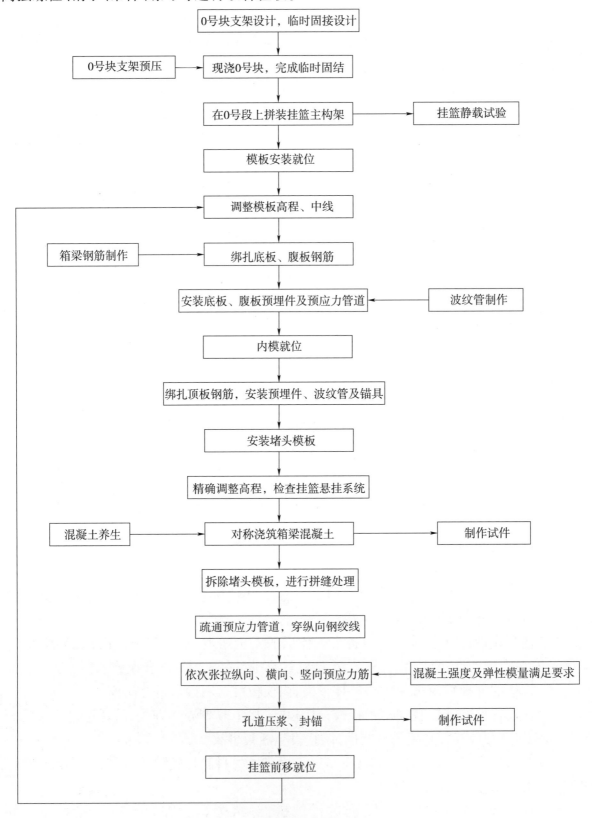

图 6.6.2　悬臂现浇箱梁施工流程图

2)挂篮的静载试验

(1)对挂篮进行静载试验(见图6.6.3)的目的在于取得挂篮结构刚度与挠度值之间的线性关系,同时检验构件自身的安全。

(2)试验荷载的取值应选取对挂篮施工的最不利工况进行验算。试验中荷载等级可分为以下几级:①模板安装完毕为初始状态;②加载到钢筋绑扎完毕;③加载到底板混凝土浇筑完毕;④加载到腹板混凝土浇筑完毕;⑤加载到顶板混凝土浇筑完毕;⑥加载到超载20%荷载状态下,如此反复加载减载3次,每阶段均应做好记录。

(3)静载试验方法宜采用荷载加压法。施工中可根据挂篮的结构形式和工地实际情况,选择合适的试压方法。

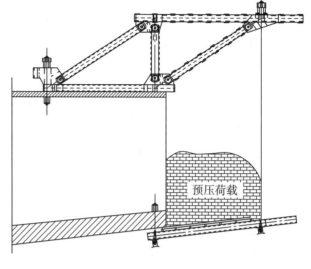

图6.6.3 挂篮静载试验

3)0号、1号块施工

(1)0号块临时固结设计应满足拉压双重荷载工况的要求,设计无规定时,宜使用易于拆装的钢结构或高强度混凝土结构(抗压)配合穿心的精轧螺纹钢(抗拉)。

(2)0号块宜一次浇筑成型,浇筑前应做好内模上浮防护措施;当梁段过高一次浇筑完成难以保证质量时,可沿高度方向分两次浇筑,但两次浇筑混凝土的间歇期应控制在7d以内。

(3)0号块隔墙厚度≥1.5m时宜设冷却水管,防止水化热导致内外温差过大。

(4)应根据实际的合龙气温与设计提供的标准气温之间的差值,通过计算确定0号块底部永久支座安装时预留的偏移量。

(5)混凝土应按由外向内的顺序(1号块向0号块)分层对称浇筑,待底板浇筑完后,将腹板、顶板一次性浇筑完成,分层厚度不应大于300mm。

(6)0号、1号块施工支架应按要求进行预压,尽可能消除非弹性变形和获得高程控制数据。

(7)0号梁段施工完成后要尽快安装、调试挂篮,缩短0号梁段与1号梁段的混凝土龄期差。

4)悬浇段施工

(1)纵坡大于或等于2%时,挂篮应设置限位装置,防止其纵向滑移。

(2)应严格控制挂篮后锚点距节段端面的距离,减小节段错台的厚度,后锚点距节段端面的距离宜不小于200mm。

(3)应保证预应力筋的防崩钢筋和钩筋的施工质量,波纹管的定位钢筋宜适当加密。

(4)应加强对梁段内模(重点是箱内预应力齿板的异形模板)安装质量的控制,应做到模板定位准确、接缝拼装严密,防止箱内胀模、漏浆、梁段混凝土超方,避免因超方导致线控高程偏离过大。

（5）悬浇段混凝土的浇筑宜采用可控方向的三通泵管来控制，最大容许不平衡重应以设计方提供的数据控制，设计未规定时，实际施工中宜控制混凝土偏差方量为 1~2m³。

（6）混凝土箱梁节段的断面宜采用工具进行凿毛，凿毛时应在混凝土保护层外侧保留 10mm 完整边界。

5）悬浇线形及应力监控

（1）对应力及线形监控时，宜按挂篮就位后、混凝土浇筑后、张拉完成后三种工况进行。特殊情况下如箱梁块件长度与截面尺寸变化的首件、施工至 1/2 悬臂长度以及合龙前的 3~4 个块件，宜根据需要增加预应力张拉前和混凝土浇筑前 2 个工况进行监控。

（2）应通过监测、分析和与设计理论值相比较，验证各项设计假定的合理性及设计的可靠性，保证桥梁结构的安全，同时提供立模高程，保证桥梁线形。

（3）线形测量监控的原则和方法如下。

①挠度监测应做到四定原则：定人、定仪器、定时、定点。观测时间宜选在日出前，避开日照、温差对挠度所造成的影响。

②每次观测均应做好测量记录（含记录气象、温度等环境条件），观测完成后应及时对数据进行整理分析。

（4）应力监控的原则和方法：

①应选择温度稳定的测量时间，并进行多方面的修正。

②选择稳定的传感器。

③所有的测试元件均应具有可靠的标定数据。

6）边跨现浇段施工

（1）支架基础的处理应保证除承载现浇段荷载外还能承载合龙段的施工荷载，合龙段一侧的地基应做适当加强处理，保证承载力满足要求。

（2）现浇段支架采用托架时，托架的设计除应满足最基本的承载力及稳定性要求外，还应满足合龙段偏压承载的要求。

（3）现浇段施工时，应根据合龙段方案预留合龙段施工相关的预埋件及预留孔道。

（4）现浇段的支架应进行超载预压。

（5）现浇段的支架应设置预应力施加及温度作用下保证水平位移的装置。

7）合龙段施工

（1）合龙段配重方案是合龙施工的关键，应按工序逐一计算每一工况的配重，宜采用水箱配重。

（2）卸载过程应有专人指挥，应根据浇筑混凝土进展情况，逐步卸除。

（3）在合龙段中设置劲性骨架时，宜将劲性骨架先初步与合龙段的一端焊接牢靠，在一天中气温较低时，再与另一端焊接牢靠；对于连续刚构，应在设计给定的合龙温度范围内焊接完成。劲性骨架锁定后，设计有要求时应按设计要求尽快张拉临时合龙束，并应尽快浇筑合龙段混凝土。

(4)连续刚构合龙应按设计要求对合龙段两侧用千斤顶对顶,对顶的位置及预顶力的大小应由监控或设计提供,对顶后再焊接劲性骨架。

(5)合龙段应在设计图纸要求的气温条件下浇筑,设计未规定时,宜选择温度变化较小的日期且一天中气温较低的时间段进行浇筑,并应迅速完成。浇筑完成后混凝土应及时保湿养护。

(6)合龙段宜采取收缩补偿混凝土,以提高其抗裂能力。

(7)合龙段混凝土强度达到设计要求后,应尽早进行预应力张拉,应制订专门的预应力张拉程序,保证预应力施加的均匀性,防止梁、板局部因应力过大产生破坏,预应力张拉完成后按设计要求完成连续梁的体系转换工作。

(8)预应力筋张拉过程中,应观察合龙段张拉齿板后端是否出现裂纹。

(9)梁墩临时锚固的解除,应均衡对称地进行,保证逐渐均匀地释放。在解除前应测量各梁段高程,过程中应注意各梁段高程变化,如有异常,应立即停止作业,找出原因。

8)养护

悬臂浇筑混凝土养护应确保梁体表面在养护期内保持湿润,有条件时宜采取自动喷淋养护。养护时间应不少于7d。

9)预应力施工

(1)竖向和横向预应力筋可在混凝土浇筑前将其安放到位,纵向预应力筋宜在混凝土浇筑完成后再穿束。

(2)箱梁三向预应力筋的张拉顺序应符合设计规定,设计未规定时可按先纵向、横向,最后竖向的顺序进行。

(3)横向预应力筋采用扁锚张拉时宜测定锚口、管道的摩阻损失值。

(4)竖向精轧螺纹钢筋在锚固时应认真扳紧张拉端螺母。竖向预应力筋可在张拉完成24h后采用复拉工艺,保证其张拉质量,复拉满足要求后应立即压浆。应使用扭矩扳手保证竖向筋的有效预应力。

(5)横、纵向钢绞线的张拉、压浆、封锚、封端等应按第3章3.4节的相关规定执行。

6.6.4 质量控制

(1)悬臂段块件浇筑前,应对0号块的高程、桥轴线作详细复核,保证其符合设计要求后,方可进行。

(2)浇筑底板与腹板时,应注意控制浇筑时间差,避免出现腹板根部冷缝现象。浇筑顶板前可对腹板顶部的表面做二次振捣。

(3)挂篮底模后横梁在箱梁底板处的吊点应采用千斤顶紧固,保证底模与箱梁底板密贴,施加力应达到该吊点的全部施工荷载值,翼板底模亦同此要求。

(4)悬浇施工应对称进行,对桥梁轴线和高程应进行施工监控;合龙时,两侧梁、板的高差应在设计和规范允许的范围内,保证桥梁轴线和高程符合设计要求。

(5)在挂篮移动前,横向预应力束应及时张拉;在横向预应力张拉前,应控制桥面上的临时荷载。

(6)悬浇施工过程控制宜遵循变形和内力双控的原则,且宜以变形控制为主。

(7)相邻块段的接缝应平整密实,色泽一致,棱角分明,无明显错台。

(8)线形应平顺,梁顶面应平整,无明显折变。

(9)竖、横向预应力筋封端宜采用无收缩混凝土。

6.6.5 成品保护

(1)在挂篮移位时,应对称匀速进行,避免因大的冲击造成对梁的损伤。
(2)宜在桥面上的低侧做好挡水设施,防止锈水污染桥面。
(3)成品保护的其他要求应按本章第6.4.5条的相关规定执行。

6.7 节段梁预制与悬臂拼装

6.7.1 一般规定

(1)本节内容适用于预制节段梁采用悬臂拼装方法施工的预应力混凝土连续梁和连续刚构桥,采用先吊挂再拼装的逐跨施工方法的,亦可参照使用。

(2)熟悉施工图纸和设计资料,复核预制节段梁长度、细部尺寸、角度等技术指标,开工前应编制专项施工技术方案和安全专项施工方案,并应通过审批。

(3)节段梁的预制质量直接关系到梁段拼装的速度和质量,预制时应严格控制梁段的断面及形体的精度,并应充分注意场地的选择与布置,台座和模架的制作,工艺流程的拟定,以及养护和储运的每一个环节。

(4)节段预制前,应在预制场地建立精密测量的平面控制网和高程控制网,并设置测量塔及靶标。为使成桥后的线形符合设计要求,预制时应进行线形控制。节段预制控制测量宜采用专用线形控制软件进行指导。

(5)预制节段梁应按照设计要求的方式进行拼装架设。当采用其他方式架设时,需经设计同意。

(6)安装前应首先进行作业环境调查,针对运输、架设作业范围内的障碍物、高压输电(塔)线路等应采取避让措施。

6.7.2 施工流程

施工流程见图6.7.2-1和图6.7.2-2。

6.7.3 悬臂拼装梁施工

1)预制节段梁

(1)悬臂拼装节段预制施工应准备短线法或长线法台座,预制场地的布置应便于节段的预制、移运、存放及装车(船)出运;预制台座稳定、坚固,在荷载作用下,其顶面的沉降应控制在 2mm 以内。

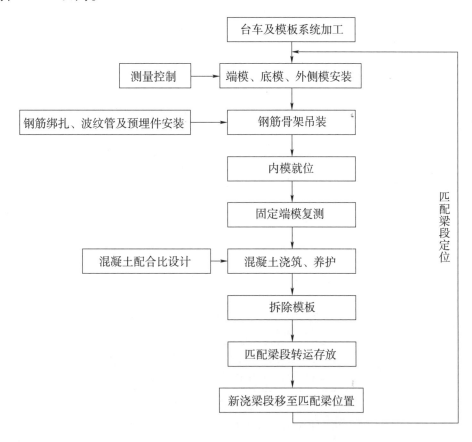

图 6.7.2-1　短线法箱梁梁段预制施工流程图

（2）节段预制宜采用专门设计的钢模板，钢模板及其支撑除应满足强度、刚度和稳定性的要求外，尚应满足多次重复使用不变形及保证节段精度的要求。采用长线法预制节段同一连续匹配浇筑的梁体应在同一长线台座上制作；采用短线法时，应在台座上匹配预制（见图 6.7.3-1），并应符合下列规定：

①内模系统应可调整且宜安装在可移动的台车支架上。

②端模应铅直牢固，外侧模与底模应能适应节段的线形变化要求。

③模板与匹配节段的连接应紧密、不漏浆。

（3）测量控制点设在远离热源和震动源的位置，且应具有良好的通视条件，必要时应设置备用的测量控制点。

（4）节段的钢筋宜在专用胎架上制成整体骨架后，吊入模板内进行安装；吊装整体骨架时应设置吊架，吊点的布置应合理，且宜采用多点起吊，防止变形。对预埋件的安装和预留孔的设置，应采用定位钢筋将其准确固定；当有体外预应力钢束转向器时，其安装必须准确可靠。

（5）节段预制混凝土的性能除应符合第 3 章 3.3 节、3.4 节的规定外，尚应符合设计对其弹性模量、收缩和徐变等性能的要求。节段预制混凝土的浇筑应符合第 3 章 3.3 节、3.4 节的规定，并应根据环境温度、水泥品种、外加剂、施工进度及对混凝土性能的要求等制订养护方案,总体养护时间不宜少于14d,对节段的外立面混凝土宜采用喷湿或其他适宜的方式进行养护。

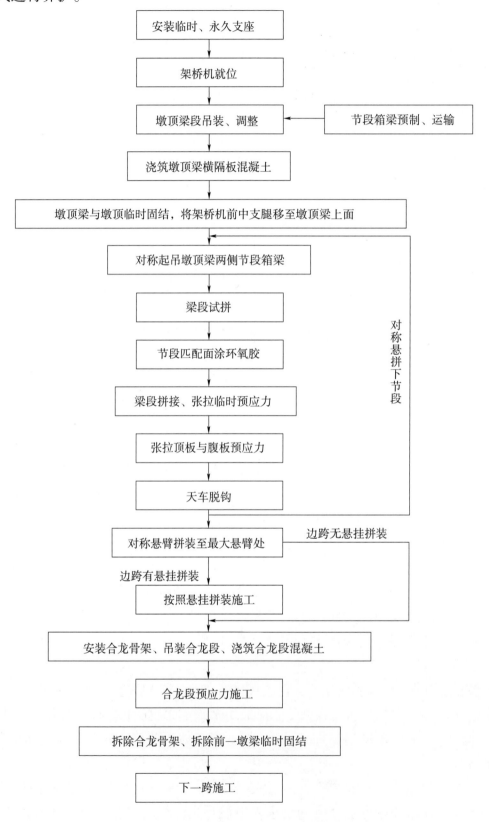

图 6.7.2-2　对称悬臂拼装施工流程图

(6)节段的脱模时间应符合设计规定;设计未规定时,应在混凝土强度达到设计强度等级的75%后方可脱模并拆除。在脱模、拆除或移动节段时,应采取措施防止损伤节段混凝土的棱角和剪力键。

(7)模板拆除后应及时对节段进行检查验收,测量其外形尺寸,并标出梁高及纵横轴线。

(8)节段的起吊、移运、存放应符合下列规定(见图6.7.3-2):

图6.7.3-1 可调式匹配预制台座

图6.7.3-2 节段梁存放

①节段从预制台座起吊时,混凝土的强度应符合设计规定。

②节段的移运应满足运输安全和施工安全的要求。在移运时,应采取措施防止对节段产生冲击或碰撞。

③节段在存放台座的叠放层数不宜超过两层,并应对存放台座及其地基的承载力进行验算。节段支点的位置应符合设计规定,且宜采用垫木或橡胶板等弹性支撑物进行支承。

④节段的存放时间应符合设计要求;设计未要求时,不宜少于28d。对未达到养护时间的节段,应在存放时继续养护。

2)节段梁悬臂拼装

(1)墩顶及相邻梁段采用现浇方式施工时,应符合本章6.6.3条第3)款的规定,且应使其与预制节段梁段匹配良好。对连续梁,墩顶的现浇梁段与墩之间应按设计要求临时固结。

(2)悬臂拼装施工应符合下列规定:

①预制节段梁安装前应在盖梁顶面弹线确定安装位置,确保定位准确,同时应按设计和规范要求严格控制伸缩缝位置宽度。

②应对拟安装的预制节段梁逐件进行检查,重点是预应力孔道的疏通、压扁变形,匹配胶接面的清理,同时应核对编号、方向,确保准确就位。

③节段拼装施工前,应对预制节段的匹配面进行必要的处理,并应确定接缝施工的方法和工艺。在悬臂拼装施工过程中,应跟踪监测各节段梁体的挠度变化情况,控制其中轴线及高程;当实测梁体线形与设计值有偏差时,应及时进行调整。

④施工前应按施工荷载对起吊设备进行强度、刚度和稳定性验算,其安全系数应不小

于2。节段起吊安装前,应对起吊设备进行全面安全技术检查,并应分别进行1.25倍设计荷载的静荷和1.1倍设计荷载的动荷起吊试验,经检查及起吊试验符合要求后方可正式进行节段的起吊拼装。

⑤节段悬臂拼装时,桥墩两侧的节段应对称起吊,且应保证桥墩两侧平衡受力,最大不平衡力应符合设计规定。

(3)接缝的处理应符合下列规定:

①各节段间的接缝施工应符合设计规定。

②采用胶接缝拼装的节段,涂胶前应就位试拼。胶黏剂进场后应进行力学性能及作业性能的抽检,其各项性能应满足结构设计与节段拼装施工的要求。节段的匹配面应平整,对尘土、油脂等污染物及松散混凝土和浮浆应清除干净。涂胶前的匹配面应进行干燥处理。

③胶黏剂宜采用机械拌和,且在使用过程中应连续搅拌并保持其均匀性。胶黏剂应涂抹均匀,覆盖整个匹配面,涂抹厚度不宜超过3mm。对胶接缝施加临时预应力进行挤压时,挤压力宜为0.2MPa,胶黏剂应在梁体的全断面挤出,且胶接缝的挤压应在3h以内完成;当施工时间超过明露时间的70%时,在固化之前应清除被撒出的胶接料。胶黏剂在涂抹和挤压时应采取措施对预应力孔道的端口处进行防护,防止胶黏剂进入孔道内。

(4)节段悬拼装的预应力施工除应按本章6.6.3条第9)款外,尚应符合下列规定:

①对采用胶接缝的节段,在拼装工作结束并经检查符合要求后,应立即施加预应力对接缝进行挤压;采用湿接缝的节段,应在接缝混凝土强度达到设计强度的80%以上时方可对其施加预应力。

②临时预应力钢束的布置和张拉控制应力应符合设计规定,并应满足多次重复张拉的作业要求;临时预应力钢束在结构永久预应力施工完成后方可拆除。

③节段对称悬臂拼装完成并施加预应力后,方可放松起吊吊钩,并应立即对预应力孔道进行压浆和封锚。

(5)合龙及体系转换的程序应符合设计要求,施工应按本章6.6.3条第7)款的相关规定执行。

6.7.4 质量控制

(1)预制节段梁混凝土应振捣密实,外形尺寸准确,表面光滑,匹配拼接面吻合度好,剪力齿分明、完整。

(2)悬拼块件前,必须对桥墩根部的高程、桥轴线作详细复核,符合设计要求后,方可进行悬拼。梁体不得出现宽度超过设计和规范规定的受力裂缝。胶接材料的性能符合设计要求。相邻块颜色一致,接缝填充密实、平整,无明显错台。

6.7.5 成品保护

(1)预制节段梁运输:采用专用车、船运输,设置临时固定(支撑),用钢丝绳的葫芦张紧固定牢固,防止侧翻。运梁车宜低速行驶,在便道上行驶速度严禁超过5km/h,转弯时应缓慢。

（2）预制节段梁吊装：采用专用吊具，起吊时平稳匀速，防止碰伤混凝土表面。

（3）对梁顶面明槽内已张拉的预应力钢束应加以保护，严禁在其上堆放物体或抛物撞击。

（4）现浇湿接头施工后，应将墩身表面冲洗干净。

6.8 桥面整体化及调平层

6.8.1 一般规定

（1）本节内容适用于组合箱梁、T梁、板梁的湿接缝（铰缝）、湿接头、端（中）横梁及桥面混凝土调平层的施工。

（2）梁板安装完成后应及时组织桥面整体化的施工。

（3）桥面调平层施工前应对伸缩装置处的预埋钢筋进行检验，对缺、漏、错位的钢筋应整改合格。

（4）梁顶面凿毛清洁完毕后应进行桥面高程检测，对最小厚度不能满足设计要求的地方，应采取措施进行调整。

6.8.2 施工流程

（1）现浇端（中）横梁、湿接缝施工流程见图6.8.2-1。

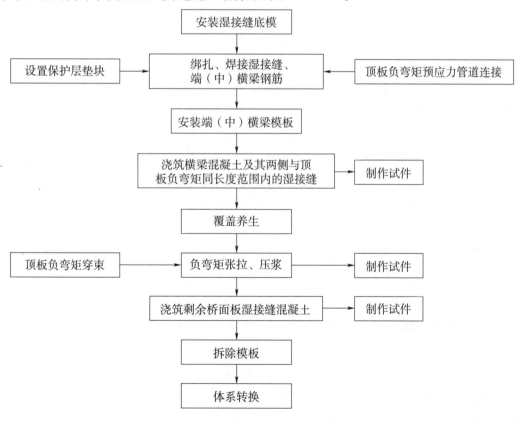

图 6.8.2-1　现浇端（中）横梁、湿接缝施工流程图

(2)桥面混凝土调平层施工流程见图6.8.2-2。

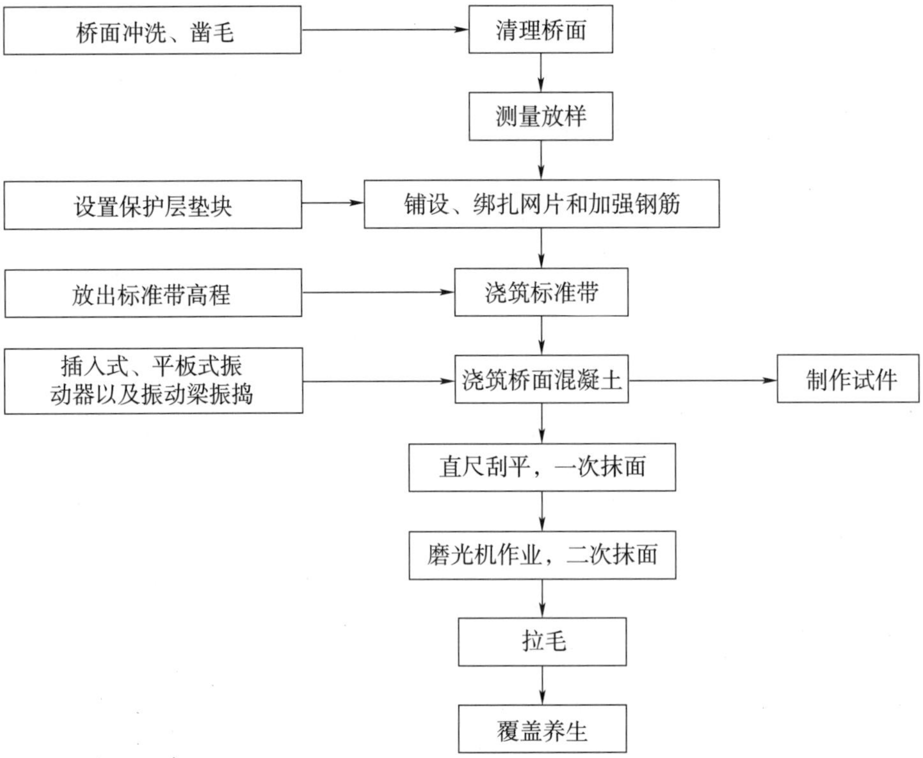

图 6.8.2-2　桥面混凝土调平层施工流程图

6.8.3　桥面整体化及调平层施工

1)端(中)横梁、湿接缝(铰缝)施工

(1)预应力空心板梁的铰缝区在拆模后应及时安排凿毛。

(2)梁端混凝土凿毛应在架梁前完成,梁、板就位后,湿接缝、横隔板应及时浇筑。

(3)湿接缝的环形钢筋应封闭焊接成环,焊接部位宜设置在顶面。

(4)湿接头底模的设置应考虑拆除方便,模板底部宜采用可调节螺杆或吊模等支撑方式。

(5)浇筑端(中)横梁、湿接缝混凝土时,应严格按设计要求的浇筑顺序进行,保证后浇混凝土与既有混凝土顺接,不应出现错台。

(6)铰缝宜采用细石混凝土,且应采用插入式振动器振捣密实,严禁人工插捣。

(7)端(中)横梁、湿接缝应按设计对浇筑温度的要求选择浇筑时段,混凝土宜采用收缩补偿混凝土。

2)负弯矩预应力施工与体系转换

(1)负弯矩预应力施工前应做好孔道封口保护。

(2)应在梁端连续段混凝土强度达到设计要求后,方可穿束进行负弯矩预应力施工,穿束前应对预留孔道用通孔器或其他可靠方法进行检查。

(3)张拉负弯矩钢束时严禁随意切断张拉槽口处的纵、横向钢筋。

(4)预应力筋的张拉顺序应符合设计要求,设计未规定时,可按先张拉短束、后张拉长束的顺序进行。张拉应在混凝土的强度和弹性模量达到设计值的80%以上时方可进行。

(5)预应力孔道压浆应按第3章3.4.8条的相关规定执行。

(6)锚具和垫板接触处的混凝土残渣等应清除干净,方可浇筑封端混凝土。

(7)应按设计规定的顺序拆除临时支座,完成体系转换。

3)现浇桥面混凝土调平层

(1)桥面混凝土调平层应尽量采用单幅全宽施工,减少纵向接缝。

(2)对特宽桥梁分多幅施工时,分幅宽度应合理划分,若为现浇箱(板)梁时,纵向接缝应设在车道标线处;若为预制梁时,应避免设在湿接缝(铰缝)位置上。

(3)应根据分幅的位置确定平面控制点,并应在主梁顶面放样,弹出墨线。

(4)施工前应对每片梁的顶面进行详细检查并对梁顶面凿毛,去除表面松散的混凝土、浮渣及油迹等杂物,且宜采用空压机及高压水枪将梁面冲洗干净。

(5)钢筋网宜采用成品焊接网片。绑扎钢筋网时,应先在梁顶面进行画线,然后铺设绑扎。钢筋网片的绑扎应做到横平竖直,交叉点宜呈梅花形布置,并采用扎丝绑扎结实,钢筋的接头应注意错开位置(见图6.8.3-1)。

(6)可采用短节钢筋对已绑扎好的钢筋网片进行支垫(见图6.8.3-2),并利用两边已浇筑的标准带,控制钢筋网片顶面的高程,保证整幅钢筋网片的保护层厚度,支垫钢筋宜呈梅花形布置。负弯矩张拉槽处的加强钢筋网应在桥面调平层钢筋网安装之前施工完成。

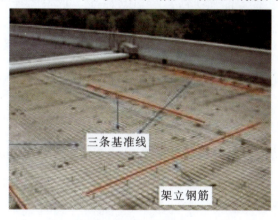 

图6.8.3-1　绑扎钢筋网片　　　　　图6.8.3-2　短节钢筋对钢筋网片的支垫

(7)桥面调平层施工时采用低坍落度混凝土,应严格控制坍落度和粗集料规格,其配合比宜适当增加砂率。

(8)桥面标准带施工

①紧贴内外护栏(桥面调平层的一部分,按设计布置钢筋),宜宽500mm,施工时应按照不大于2.0m的间距放出高程控制点,并应测出各控制点处桥面设计高程与实际梁顶高程的差值。

②在控制点处可采用电锤在梁上钻孔,打入钢筋(深度以能保证钢筋稳固为准),钢筋顶面即为桥面设计高程。在钢筋的侧面焊接角钢,并将两侧的角钢与钢筋进行连接增

强其稳定性,使角钢既可控制标准带的顶面高程,又可作为标准带的侧模。

③标准带的混凝土应认真浇筑,在混凝土初凝前应再次认真检查高程,保证标准带的高程准确。

(9)调平层混凝土浇筑前,应先采用高压水枪将桥面杂物清除干净,再对预制梁顶面进行充分湿润,但不应有积水。同时应将段落端部和伸缩装置预留槽口的位置采用木模或槽钢封好,保证混凝土按设计要求施工到位。

图 6.8.3-3　桥面混凝土振捣

(10)混凝土应连续浇筑,且应从低处向高处方向进行。人工局部布料、摊铺时,应采用铁锹反扣,严禁抛掷和搂扒,靠边角处应采用插入式振动器辅助布料。振捣时,宜先采用插入式振动器,使集料分布均匀,一次插入振捣时间应不少于20s,然后采用表面振动器纵横交错全面振捣,其振捣面应重合100~200mm,一次振捣时间宜为20~30s,最后采用振动梁沿轨道进行全幅振捣,直至振捣密实(见图6.8.3-3)。振动梁操作时,应设专人控制振动行驶速度、铲料和填料,保证调平层饱满、密实及表面平整。

(11)一次抹面:振动梁作业完毕后,宜在作业面上架立人工操作平台,作业工人在操作平台上采用木抹进行第一次抹面,并采用短木抹找边,第一次抹面应将混凝土表面的水泥浆排出,并应控制好大面平整度;二次抹面:混凝土初凝前,宜先采用磨光机对混凝土面进行搓揉,避免裂缝,再采用钢抹进行二次抹面,二次抹面时应控制好局部平整度。

(12)混凝土在二次抹面后,应进行表面拉毛处理,然后采用土工布进行覆盖养护,但开始养护时不宜洒水过多,防止混凝土表面起皮,待混凝土终凝后,再浸水养护,养护期应不少于7d。

(13)桥面混凝土调平层的施工宜避开高温时段及大风天气,并应防止混凝土表面过快失水而导致开裂。

6.8.4　质量控制

(1)桥面混凝土调平层的厚度应满足设计及规范要求,并应避免出现桥面空壳现象。
(2)调平层表面应无脱皮、印痕、裂纹、粗集料外露等缺陷。
(3)施工接缝应密贴、平整、无错台。
(4)桥面泄水孔的进口应低于铺装层。

6.8.5　成品保护

(1)钢筋网片铺设完成后应尽量避免施工人员踩踏,防止变形。

（2）浇筑过程中和表面硬化之前严禁踩踏已成型的混凝土表面，可设置马凳或跳板，供养护覆盖的操作人员使用。

（3）养护过程中应安排专人管理，严格按照养护方案实施，养护期间及在达到设计强度以前严禁车辆通行。

6.9 安全施工

6.9.1 梁板预制安装

（1）预制场应配备爬梯，方便施工人员上下。预制梁高度超过2m，在梁顶进行钢筋绑扎、浇筑混凝土等作业时应设置安全防护栏杆。

（2）堆放T形梁、工字梁等大型构件时，基础须进行硬化，设置斜撑，防止倾覆，存梁不允许超过两层。

（3）施工单位应根据预制梁结构特点、质量、形状、长度和现场环境状况制订运输和架设方案，选择吊装机械、运输车辆和配套设备，并应制订相应的安全技术措施。

（4）梁板架设所采用的起重设备，应满足施工方案要求并持有有效的安全使用证和检验报告书。使用前应对起重设备进行全面安全性能检查，重点应检查各操作系统、移动系统、安全系统（力矩限制器、变幅限制器等）运转是否正常，同时应检查钢丝绳、轧头、吊钩、滑轮组等是否符合规定。

（5）采用龙门架吊梁前应仔细检查各部位间的连接情况，吊梁和移梁作业时，应派专人检查起重设备各系统工作情况，然后试吊，并认真进行观测，确保万无一失。梁体离开台座时两端应同步，龙门架平移及梁体升降应均匀地进行。梁体平移时两端应同时进行，平稳匀速，防止梁体受扭、倾斜，甚至倾覆。

（6）架桥机架梁作业时应设专人指挥，应遵循"慢加速、匀移动"的原则，尽可能减少架桥机对桥墩的冲击。中途停工或架设完毕后应及时将架桥机移至专门的停放场地，不得将架桥机（具）在施工位置长时间停放。

（7）梁板架设就位后应立即采取支撑防倾覆措施，尤其是T形梁、工字梁吊装时，每跨第一片梁和边梁就位后，应立即采用方木支垫横隔板的底部，采用原木斜撑翼缘板的根部，并应采用木楔楔紧等措施防止单梁倾覆；其他梁吊装就位后，应立即焊接部分横隔板、翼缘板湿接缝的钢筋，加强横向联系，保证安全。

（8）架梁作业时，施工单位应设专职安全员进行现场监护，对施工过程中可能产生的各类安全隐患进行控制。架梁作业过程中，地面应设围栏和警示标志，派专人值守，禁止非施工人员进入。跨越公路、铁路、航道架梁时，应提前做好各项架设准备工作，尽可能缩短架设时间，快速安装到位，并应设置防落网等有效的防护措施，防止对行人、车辆等造成危害，减小对外界的影响，必要时应采取临时交通管制措施，保证施工安全。

（9）夜间、5级及5级以上大风或暴雨时，不得进行架梁作业。

6.9.2 支架上现浇箱梁

(1)现浇梁支架的两侧应有工作平台,边侧应搭设高度不小于1.20m的安全防护栏,侧面应满挂安全网。梁翼缘下的支架上应铺脚手板,并应与支架连成整体,脚手板的端头应设置栏杆和安全网。

(2)在现浇梁支架的搭设和拆除过程中,地面应设围栏和和警示标志,派专人值守,禁止非施工人员进入,以免发生安全事故。

(3)现浇梁支架跨越要维持正常通行(航)的道路(水域)时,对其现浇支架应采取防碰撞的安全措施,并应设置必要的提前提醒标志、交通导流标志,施工中易受漂流物冲撞的支架应设坚固的防护设备,并应设置三角形导流柱,夜间应设置警示灯,还应设置限高、减速、通行警示,保证施工安全和交通安全。船舶或汽车通行孔的两边支架应加设护桩,夜间应采用灯光标明行驶方向。

6.9.3 移动模架逐孔现浇箱梁

(1)模架移动、混凝土浇筑及支撑托架安装前必须进行检查、验收。未进行检查、无记录和责任人签字的,不得进行作业。

(2)上下游模架纵移速度尽可能一致,不同步的距离偏差应符合产品设计的规定,且应有限位和紧急止动装置。

(3)模架横移前,应清理干净模架翼缘模板边缘、横梁、主梁上易坠落物。模架所有操作平台的边缘处,均应设置防护栏杆,必要时应挂安全网,同时应在模架的适当部位配备消防器材。

(4)模架中的动力和照明线路应由专业人员敷设,并应定期检查清理,消除漏电、短路等隐患。

(5)移动模架新工位的受力状态应验收。每完成一孔梁的施工,均应对模架的关键部位及支承系统等进行检查,发现问题后应及时处理。

6.9.4 悬臂浇筑预应力连续箱梁(连续刚构)、节段梁悬臂拼装

(1)挂篮安装后,应进行全面的安装质量检查,确认安装质量符合要求后,应按设计荷载分级进行加载试验。未进行加载试验的挂篮,不得投入使用。

(2)悬浇施工时挂篮四周应有临边防护设施,应设置安全且便于使用的施工通道及工作平台,工作平台下应挂安全网。桥面安全防护栏杆应随悬浇段同步延伸(见图6.9.4)。

图6.9.4 挂篮施工通道及工作平台

(3)挂篮的前移行走应两端对称、缓慢进行,并应加强观测,防止偏角、偏位造成挂篮受扭。

(4) 在通航河流、公路、铁路、人行通道上方作业时,挂篮下方、左右两侧应采取措施防止坠物,防护措施宽度应比挂篮边缘超出0.5m以上。在跨公路和人行通道时,挂篮前移时严禁过往车辆及人员通行。在跨公路时应设限高架,确保挂篮安全。

(5) 悬臂拼装节段梁起吊前,应对起吊机具设备及节段梁进行全面检查、验收,并进行起吊试验。应垂直起吊节段梁,并保持平衡稳定。在接近安装部位时,不得碰撞已安完的构件和其他作业设施。运送节段梁的车辆(或船只),在节段起升后应迅速撤出。

(6) 挂篮后锚、斜拉杆、吊杆采用精轧螺纹钢时必须设双锁帽。挂篮前上横梁两侧需加宽焊接成操作平台及防护栏,操作平台宽度不小于60cm并满铺脚手板,防护栏高度不小于120cm。挂篮翼缘板下应搭设操作平台,平台上设置脚手板和防护栏杆,确保腹板对拉螺栓的施工安全。

6.9.5 上部结构施工后桥梁边缘应设置防护栏杆

6.10 环境保护

6.10.1 箱梁内的杂物、垃圾应清理干净,不得有积水,施工结束经监理工程师检查同意后方可封堵箱室。

6.10.2 应做好混凝土浇筑完成后剩余材料的处理工作,避免污染桥面和周围环境。

6.10.3 工程完工后,应及时进行现场彻底清理,并应按设计要求采用植被覆盖或其他处理措施。

6.10.4 应对孔道压浆施工时产生的废浆进行收集,不得使浆液直接排到桥面上。

7 桥梁附属工程

7.1 垫石及支座安装

7.1.1 一般规定

(1)本节内容适用于支座垫石施工及盆式(板式)橡胶支座的安装施工,其他类型的支座安装可根据各自的特点参照执行。

(2)墩台施工完成后宜尽快施工支座垫石。

(3)支座垫石施工应采用四角可调节高度的定型钢模(见图 7.1.1-1 和图 7.1.1-2)。

图 7.1.1-1　可调节高程垫石模板　　　　　　图 7.1.1-2　支座垫石

(4)所有自制支座预埋钢板应进行热浸镀锌;由生产厂成套提供的支座,应要求生产厂将上下钢板进行热浸镀锌;螺栓、螺母、垫圈也应进行热浸镀锌,并应清理螺纹。热浸镀锌防锈处理应按相应规范要求执行。

(5)应根据梁体混凝土浇筑时的温度、预应力张拉、混凝土收缩与徐变对梁长的影响,计算相对于设计支承中心的预偏值,确定活动支座上滑板中心的位置。

(6)对特殊形式和特殊规格的支座,在垫石施工之前应与生产厂及时沟通,核对支座的相关尺寸与预埋件。

7.1.2 施工流程

施工流程见图 7.1.2。

7.1.3 垫石及支座安装施工

1）支座垫石施工

（1）支座垫石施工之前，应做好支座垫石位置处混凝土的凿毛工作。

（2）应计算复核支座垫石的设计高程（尤其是弯、坡、斜桥），调节定型钢模四角顶面高程，严格控制支座垫石顶面高程，保证其在规范允许的误差范围之内。

（3）用于盆式支座的支座垫石，应按盆式支座底板地脚螺栓的间距及规格预留螺孔，预留螺孔直径宜为地脚螺栓的3倍（$3d$），深度宜为地脚螺栓长度$L+50\text{mm}$。

（4）在施工过程中，应严格控制支座垫石位置处预埋钢筋网片的数量与预埋质量。

（5）支座垫石混凝土浇筑前，应采用水充分湿润支座垫石位置处，施工中应采取可靠措施保证混凝土振捣密实，同时应做好垫石混凝土表面的收浆抹面工作，保证表面平整。

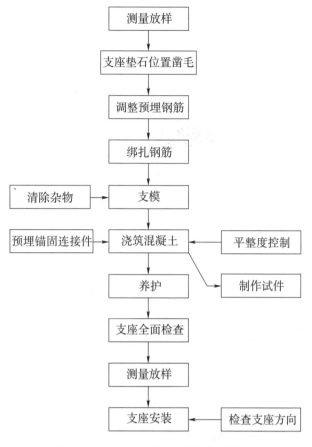

图7.1.2 垫石、支座安装施工流程图

（6）支座垫石宜采用细石混凝土进行施工，混凝土的强度应满足设计要求。

（7）支座垫石在收浆抹面结束后宜采用潮湿土工布覆盖，滴灌养护时间应不少于7d。支座垫石不宜在冬期浇筑施工，必须在冬期浇筑施工时，应对混凝土采取严格的保温措施。

（8）支座垫石不应出现露筋、空洞、蜂窝及裂缝，预埋钢板（如有）不应出现悬空现象。对有裂缝、高程或几何尺寸偏差超过允许值，以及混凝土强度不满足要求的支座垫石，现场应一律作返工处理，不得进行修补或加固。

2）支座安装

（1）支座安装前，应对支座垫石进行复测，放出支座纵横向十字中线，标出支座安放的准确位置。

（2）安装前应检查支座的型号、规格及外观，滑动支座应检查滑动面上的四氟滑板和不锈钢板是否有划痕、碰伤等；盆式橡胶支座应检查橡胶块与盆底间有无压缩空气，若有，应排除空气，保持紧密。

（3）安装前，应将墩、台支座垫石顶面和梁底面清理干净并进行风干，应尽可能地保证梁底与支座垫石顶平整，使其与支座上、下面全部密合，支座中心应对准梁体设计位置，避免支座偏心、脱空，造成不均匀受力。

（4）若支座与梁之间存在间隙确实需要调整，可垫大于支座受压面积的钢板，所垫钢板应进行热浸镀锌处理,且每个支座上最多只能垫一块钢板。

(5)板式橡胶支座(见图7.1.3-1和图7.1.3-2)安装:

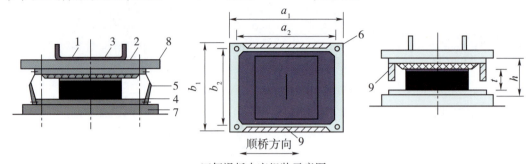

四氟滑板支座组装示意图

图7.1.3-1 支座安装示意图(一)

1-上钢板;2-不锈钢板;3-四氟滑板支座($GJZF_4$、$GYZF_4$);4-下钢板;
5-防尘罩;6-锚固螺栓;7-支座垫石;8-梁底预埋钢板;9-导向板

①固定支座安装时,确保其下表面与支座垫石顶面接触严密,支座高程及平整度满足要求。

②整体板式滑动支座安装时,应先在四氟板的储油槽内注满硅脂润滑剂,可采用钢筋或钢板将支座上、下钢板作临时固定,使落梁时支座上、下钢板不出现相对滑动。

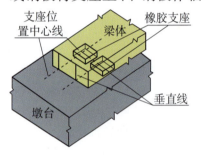

图7.1.3-2 支座安装示意图(二)

③对先简支后连续的桥梁,临时支座的高程宜比永久支座的顶面高程高出2mm,临时支座宜采用砂筒(砂箱),且应经试压合格后方可使用。

(6)盆式橡胶支座安装

①盆式橡胶活动支座的安装错位量和方向应由设计单位及厂家根据安装时气温条件提供相应数据。

②盆式橡胶活动支座安装前,宜采用丙酮或酒精仔细擦洗各相对滑移面,并在聚四氟乙烯板的储油槽内注入硅脂类润滑剂。

③盆式橡胶活动支座安装就位后,应将支座上、下钢板之间采用钢筋或钢板连接,进行临时锁定,以防施工过程中发生错位,但锁定应在预应力张拉前解除。

④盆式橡胶支座安装采用地脚螺栓连接时,支座纵横轴线位置对正后,将支座就位并调整水平。待复检合格后在螺栓的预留孔中灌入环氧树脂砂浆,环氧树脂砂浆完全凝固后再拧紧螺母。地脚螺栓露出螺母顶面的高度不得大于螺母的厚度。

⑤盆式橡胶支座安装采用焊接连接时,应在支座顶板和底板相应位置处预埋钢板,支座就位后可采用跳跃式连续焊接法将支座上下钢板与预埋钢板焊接在一起。焊接时应采取有效降温措施。

⑥支座安装后,应及时清理杂物,并对支座所有外露钢结构部分进行防锈处理,且应及时加装支座防尘护罩。

(7)施工单位、监理工程师应对每一跨(孔)及时组织支座安装质量检查,及时发现问题并整改,经复查合格后,方可进行下一道工序的施工。

7.1.4 质量控制

(1)顺桥向相邻墩台高程不同时,同一片梁两端支座垫石顶面高程相对误差不得超过 3mm。

(2)支座垫石的混凝土强度应满足要求,表面应平整、无裂缝,高程、几何尺寸应准确。

(3)梁、板底面和垫石顶面的钢垫板应埋置稳固。垫板与支座间应平整密贴,四周间隙不得大于 0.3mm,并应保持清洁。

(4)支座的规格型号正确、安装位置准确、滑动支座滑动方向正确、安装后支座能均衡受力。

(5)应对支座的安装质量逐个进行检查,防止出现脱空、偏压、变形等问题,若有问题应及时调整。

7.1.5 成品保护

(1)支座运输吊装时应谨慎操作,并应采取有效的防护措施防止支座被碰坏。

(2)应定期检查支座防尘罩是否破坏脱落,如发现问题应及时恢复。

(3)对未形成整体的梁、板结构,应尽量避免重型车辆通过,防止压坏支座。

7.2 桥面排水

7.2.1 一般规定

(1)本节适用于泄水管、PVC-U 排水管、钢管排水管的施工。

(2)桥面采用垂直排水形式时,排水口下端应低于梁底面至少 10mm,防止梁底被雨(污)水污染。跨线桥不宜采用垂直排水形式。

(3)桥面排水时,其出水口不应直接冲刷桥体,宜设置引水管道至桥下排出。

7.2.2 桥面排水施工

1)泄水管安装

(1)泄水管安装时,应以桥面高程为控制点,并应严格按照控制点高程进行施工。泄水管安装后其进水口应略低于桥面水泥混凝土铺装层。

(2)泄水管内表面及外露表面应进行防腐处理。

(3)泄水管安装完成后,应保证泄水管与预留孔紧密结合不渗水。

(4)泄水管格栅盖板铺设前,应将沟槽内杂物清洗干净,最后进行盖板的铺设。

(5)疏通泄水孔时,应首先确定孔道准确位置,由外向内清除堆积物。严禁采用猛烈敲击或随意钻孔的方式清(凿)孔。

2)PVC-U 排水管安装

(1)PVC 管黏结时应将承口和插口上面的尘土及油污擦干净,不得有水,胶水的涂刷应均匀,插口插入后应迅速调整好管件的角度,避免胶水干燥后无法转动。粘连时应注意预留口方向。

(2)排水管道应先安装横管,再安装立管,检查合格后方可进入下道工序施工。

(3)管道黏接牢固后应立即将溢出的黏接剂擦拭干净。

(4)安装时,宜采用门式移动脚手架作为操作平台。

3)钢管排水管安装

(1)钢管的内表面及外露表面应在除锈后进行防腐处理。

(2)应按设计要求先行安装好钢管卡箍,钢管的安装应遵循先装大口径管、总管、立管,后装小口径管、分支管的原则。

(3)应按顺序安装,避免出现跳装、分段装,避免出现管段之间连接困难,影响管路整体。

(4)管道焊接时应采取分层多道的施焊方法,一般不少于两层。根部第一层宜采用较小直径(ϕ3.2mm)的焊条。焊完一层后,应采用锤子或钢刷将熔渣及氧化物清除干净。若发现有气孔、裂纹等缺陷,应将缺陷部位铲除干净,重新补焊后,方可焊下一层。各层的引弧点和熄弧点应错开。

(5)钢管焊接、安装完毕后,应对焊接损伤处补刷防腐涂料,面漆应选用和上部箱梁相近的颜色。

(6)穿桥面的立管应进行二次灌浆封堵及防水。

4)碎石盲沟施工

宜采用人工铺设碎石的方法,人工铺设的外观应整齐顺适,平面几何尺寸应满足规范和设计要求。

7.2.3 质量控制

(1)钢管表面应无显著锈蚀,无裂纹,卷焊钢管无扭曲损伤,不应有焊缝根部未焊透的现象,表面不应有机械操作损伤,不应有超过壁厚负偏差的凹陷,卷管的周长偏差及椭圆度不应超过规定。

(2)所有焊接材料应具有合格证,焊条应按有关规范要求烘干,焊条药皮应无脱落和显著裂纹。

7.2.4 成品保护

(1)施工时应防止造成墩柱、箱梁底部的污染。

(2)竖向排水管安装在梁片翼缘板处时应避让负弯矩预应力管道位置,以保证负弯矩预应力施工质量。

(3)应采取适当的措施防止杂物落入泄水管。

7.3 护栏

7.3.1 一般规定

(1)应熟悉施工图纸和设计资料,复核防撞护栏细部尺寸。

(2)现浇连续箱梁预应力张拉、孔道压浆已结束,先简支后连续梁的体系转换已完成,具备防撞护栏施工的条件。

(3)先施工桥面调平层的应在桥面调平层混凝土强度达到设计要求且养护期结束后方可开始进行护栏施工。

(4)施工前,应对防撞护栏的预埋钢筋进行复检,对缺、漏、错位的钢筋应采取措施整改到位后方可进行施工。

7.3.2 施工流程

施工流程见图 7.3.2。

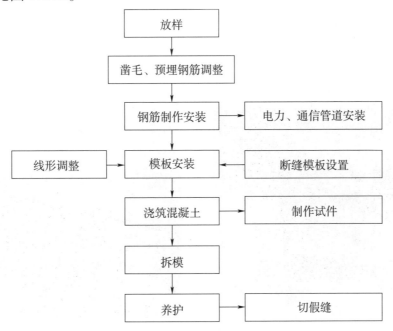

图 7.3.2 防撞护栏施工流程图

7.3.3 混凝土防撞护栏施工

1)测量放样

(1)放样时对于直线段,宜不超过每10m测1个护栏内边缘点,曲线段应根据实际计算确定,并应根据放样点弹出护栏内边线,立模时可根据该线进行微调,保证护栏线形顺畅。

(2)护栏的高程如以桥面调平层作为控制基准面,在此之前,应对桥面调平层进行检验,在保证护栏竖直度的同时应保证其顶面高程的准确。

(3)应经常复核放样基准点,防止其移位、消失。

2)钢筋制作与安装

(1)应检查调整梁板预埋钢筋,缺筋处应植筋。

(2)若护栏主筋为截断预埋,则截断部分与预埋部分应采用焊接连接,先焊接护栏主筋,然后绑扎水平筋。

(3)应按设计图纸对牛角预埋钢板、防落网预埋钢板、波形护栏预埋套管(护栏基座)、交通标志等预埋件进行定位。

(4)泄水管、伸缩装置等预留槽口应事先加工好相应模具,伸缩装置预留槽口模具应考虑伸缩装置安装高度,模具宜采用木模制作,严禁采用泡沫材料,护栏模板安装时应将预留槽口模具准确定位、牢固固定(见图7.3.3-1)。

(5)预埋钢筋、预埋钢板的焊接应符合设计要求,并应保证钢板无翘曲变形,双面焊缝饱满无漏焊,定位准确、牢固。

(6)护栏预埋钢板的锚固钢筋插入深度、角度应符合设计要求。

3)模板加工及安装

(1)模板应采用整体式钢模(见图7.3.3-2),具有足够的强度和刚度。模板交角处宜采用倒圆角处理,使其线形平顺。单片模板长度应综合考虑桥面竖曲线及梁体上拱等因素,使施工缝间距均匀一致美观,并有利于断缝的设置,模板长度宜为2~2.5m(匝道1.25m),以保证纵向线形顺适。

图7.3.3-1 预留泄水管槽口模具

图7.3.3-2 护栏模板安装

(2)护栏模板的安装应按模板试拼的编号进行,模板之间的接缝宜采用双面胶粘贴于模板接缝处,模板与桥面之间的接缝宜采用橡胶条等材料进行填缝。支模时宜在顶部和底部各设一道对拉螺杆,或采用其他固定模板的装置,同时应在模板内设置内支撑,待混凝土浇筑至此位置时,拆除此支撑。

(3)应按照设计位置设置断缝。断缝宜采用易于拆除的夹板断开,该夹板可采用两片薄钢板夹一片泡沫制作,端头模板应采用钢板。

4)混凝土施工

(1)护栏混凝土的现场坍落度宜控制在120~140mm,砂率宜不大于36%,且不宜采用泵车浇筑,可采用溜槽或吊斗,以减少混凝土表面气泡。

(2)同一跨内的单侧护栏应一次性浇筑,混凝土浇筑时宜采用斜向分三层浇筑的方法,第一层宜控制在250mm左右,第二层浇筑到离护栏顶350mm左右,然后浇筑到护栏顶。

(3)对护栏曲面部位的混凝土,应勤布料,多振捣,一次性布料不宜过多,以利于气泡逸出,减少混凝土表面气泡,保证表面密实。

(4)浇筑至顶面时,应派专人按控制高程准确抹平,并做二次压平收光处理,保证护栏成型后,顶面光洁,线形顺畅。

(5)若护栏模板底采用砂浆找平,则砂浆宽度在满足支模要求后,不得侵入护栏实体,在护栏施工完毕后,应予以清除。

5)养护及其他

(1)宜采用干净的无纺土工布覆盖,自动滴灌养护,养护时间应不少于7d。

(2)模板拆除的同时,应立即进行假缝的切割,在跨径长度内按护栏模板长度的整数倍(约5m)切缝,缝深10mm,缝宽5mm(见图7.3.3-3)。

(3)防撞护栏施工时应注意是否需要预留横向泄水孔,并应控制好泄水孔进水口高程,既保证桥面排水,又保证路面结构内部水排水通畅。

图7.3.3-3 护栏假缝切割

7.3.4 质量控制

(1)防撞护栏的顶面和接缝处不得有开裂现象,对错台、平整度、外观质量等问题应及时处理,并应保证颜色一致。

(2)对防撞护栏的线形,直线段应顺直,曲线段弧形应圆顺,无折线与死弯。顶面应平顺美观、高度一致。

(3)不得出现露筋和空洞现象。

(4)防撞护栏上的钢构件应焊接牢固,焊缝应满足设计和有关规范的要求,并应按设计要求进行防护。

7.3.5 成品保护

(1)拆除模板时不应采用大锤、撬棍硬砸猛撬,防止混凝土的外形和内部受到损伤。

(2)应避免施工的二次污染,加强对已完工护栏的外观保护。

7.4 伸缩装置

7.4.1 一般规定

(1)伸缩装置应由生产厂或专业队伍到现场负责安装施工,且应采用反开槽的方式进行安装施工。

(2)伸缩装置的预留槽口应在桥面调平层施工完成后用素混凝土填平(见图7.4.1),梁端应塞满泡沫板,缝底应垫衬板,素混凝土中应用泡沫板预留伸缩位置。伸缩装置在最后一层沥青混凝土摊铺完成后施工,水泥混凝土桥面在桥面养护7d后应尽早安排伸缩装置的安装施工。

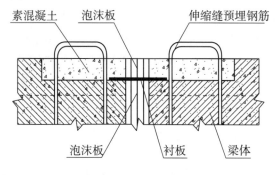

图7.4.1 素混凝土填伸缩装置预留槽

(3)伸缩装置宜采用横桥向整体安装,应根据安装温度,调整安装时伸缩装置的缝宽,保证每条缝宽均匀。

(4)伸缩装置安装前应测放桥梁中心线,测量伸缩装置两侧桥面的高程、纵横坡度及平整度。

(5)应在桥面调平层施工前检查和整改预留槽宽度。预埋钢筋应定位准确,缺筋处应植筋,并应经验收合格。

(6)梁端间隙过大时,必须采取有效补救措施进行处理,避免伸缩装置型钢架空;梁端间隙过小时,应凿除多余混凝土,保证伸缩装置受力正常。

(7)对特殊形式的伸缩装置,在伸缩装置槽口施工之前应与生产厂沟通,核对预留槽口的尺寸与预埋件。

(8)应先安装一条工艺试验性伸缩装置,待检验合格后,方可进行大面积施工。

(9)特殊设计的伸缩缝,应由监理工程师到生产厂家进行厂验、专业技术队伍进行安装。

7.4.2 施工流程

施工流程见图7.4.2。

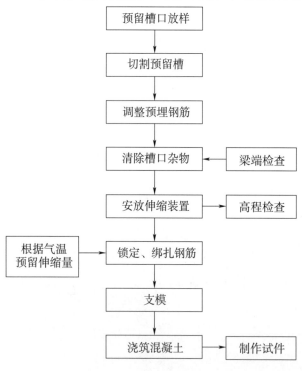

图7.4.2 伸缩装置施工流程图

7.4.3 伸缩装置安装施工

1)开槽

(1)摊铺沥青混凝土时,应保证连续作业,在伸缩装置两边各20m范围内不得停机,避免因机器停止、启动影响此段路面的平整度,从而影响伸缩装置的安装质量。

(2)伸缩装置的切缝位置宜根据3m直尺的平整度检测情况确定(以伸缩装置为中

心,两侧宽度一般控制在 300~500mm 以内,对称布置)。

(3)伸缩装置的开槽应顺直,且应保证槽边沥青铺装层不悬空,层下水泥混凝土密实。

(4)清缝的同时应将槽内预埋钢筋根部握裹的混凝土清理干净,同时应对槽内混凝土外露面进行凿毛处理。

2)安装(见图7.4.3)

(1)伸缩装置安装之前,应按照安装时的气温调整安装时的伸缩值,并采用专用卡具将其固定。

(2)施工过程中宜采用 6m 直尺控制伸缩装置的顶面高度与桥面铺装高差是否满足要求,伸缩装置宜比桥面沥青铺装低 1.5~2mm。槽口混凝土的模板应仔细安装,保证不漏浆。

(3)伸缩装置的平面位置及高程调整好后,可采用两台电焊机由中间向两端将伸缩装置的一侧与预埋筋点焊定位;如位置、高程有变化,应采取边调边焊的方式,且每个焊点的焊缝长度不得小于 50mm,点焊完毕再加焊,点焊间距应控制在 1m 之内;焊完一

图 7.4.3 伸缩装置安装

侧后,采用气割解除锁定,调整伸缩装置在某温度下的上口宽度,上口宽度调整正确后,再焊接所有连接钢筋。

3)浇筑混凝土

(1)混凝土应避免在高温下施工,其现场坍落度宜控制在 80~100mm。

(2)浇筑混凝土前应将间隙填塞,并应采取措施,防止浇筑时混凝土渗入伸缩装置位移控制箱内、密封橡胶带缝中及表面上,如果发生此现象,应立即清除,然后进行正常养护,养护时间应不少于 7d。

(3)混凝土宜在接缝伸缩开放状态下浇筑,防止已定位的构件变位。

7.4.4 质量控制

(1)伸缩装置的锚固应牢靠、不松动,伸缩性能有效。

(2)伸缩装置两侧过渡段的混凝土无开裂现象,梁端缝隙无混凝土、碎石等杂物堵塞。

(3)伸缩装置应无阻塞、渗漏、变形、开裂等现象,不符合要求时应进行整修。

(4)伸缩装置两侧混凝土的类型和强度,应符合设计要求。

(5)伸缩装置处不得积水。

(6)在伸缩装置安装完成后,护栏预留的槽口应及时修补,保证护栏平顺,颜色一致。

7.4.5 成品保护

(1)伸缩装置进场验收合格后,应选择平整的场地存放,并支垫覆盖好。吊装时应多点吊装,避免变形。

(2)对已施工完毕的伸缩装置应派专人看护,在伸缩装置两侧混凝土强度满足设计要求的条件下,且养护不少于7d后,方可开放交通。若因条件限制,则应跨缝设临时行车道板,不得扰动强度形成期的混凝土。

(3)宜在伸缩装置两侧3m范围内铺设塑料布或篷布,避免浇筑混凝土时污染已完工路(桥)面。

7.5 安全施工

7.5.1 垫石施工高空作业时宜尽量利用墩台帽施工作业的安全防护设施。

7.5.2 护栏施工时应设置操作平台和防护栏杆。

7.5.3 已完桥梁在正式通车前,桥头应设栅栏,严禁非施工人员入内。

7.5.4 桥面伸缩装置施工时,应封闭交通,并分左、右幅施工,做好安全警示标志。

7.6 环境保护

7.6.1 施工中应尽量减少对墩台的污染,垫石施工完成后,对个别污染点应及时进行彻底清理。

7.6.2 桥面破除和清扫的废渣、杂物等,应运至指定的地点弃放,严禁由桥上向桥下抛弃杂物。

附录 A 高速公路桥梁工程施工组织设计目录范例

第一章 编制说明
1 编制范围
2 编制依据

第二章 工程概况
1 工程项目概况
  1.1 建设地点、时间
  1.2 工程性质
  1.3 工程规模
  1.4 工程期限
  1.5 结构概况及复杂程度
2 当地施工条件
  2.1 地形地貌
  2.2 地质资料
  2.3 水文地质资料
  2.4 气候条件
3 项目分析
  3.1 工程中的特点
  3.2 工程中的重点
  3.3 工程中的难点
4 项目工期要求
5 项目质量目标
  5.1 施工总体目标
  5.2 质量管理目标
  5.3 安全文明施工目标
  5.4 环境保护目标

第三章 施工组织保障体系
1 施工组织机构
  1.1 项目部组织机构
  1.2 专业施工队伍组织机构
  1.3 特种作业人员

2 质量保证体系
  2.1 成立质量管理组织
  2.2 建全质量保证体系
3 安全生产保障体系
  3.1 成立安全管理组织
  3.2 健全安全生产保障体系
4 质量创优领导小组
5 质量通病治理活动领导小组
6 "平安工地"创建领导小组

第四章 进度计划与投入
1 工程总体进度计划
2 施工力量投入计划
3 材料供应计划
4 资金使用计划

第五章 施工方案
1 施工场地总平面布置图
  1.1 施工场地总平面布置图(见附图)
  1.2 办公区
  1.3 生活区
  1.4 生产区
2 分项工程施工方案
  2.1 主桥施工
    2.1.1 钻孔灌注桩基础施工(详见第七章专项施工技术方案)
      2.1.1.1 水中桩施工
      ……
    2.1.2 下部结构施工
      2.1.2.1 承台施工
      2.1.2.2 双壁钢围堰施工(详见第七章专项施工技术方案)
      2.1.2.3 主墩承台施工
      2.1.2.4 墩身施工
    2.1.3 上部结构施工
      2.1.3.1 临时固结体系的安装
      2.1.3.2 主桥0号块施工
      2.1.3.3 悬臂块件挂篮施工
      2.1.3.4 边跨合龙段施工
      2.1.3.5 中跨合龙段施工
      2.1.3.6 直线现浇段施工

         2.1.3.7 桥面系施工
  2.2 引桥
    2.2.1 钻孔灌注桩基础施工
    2.2.2 下部结构施工
      2.2.2.1 承台、系梁施工
      2.2.2.2 墩身施工
      2.2.2.3 引桥墩身施工
      2.2.2.4 肋板式桥台施工
      2.2.2.5 盖梁、台帽施工
      2.2.2.6 支座安装
    2.2.3 上部结构施工
      2.2.3.1 预制场设计
      2.2.3.2 预制场生产能力
      2.2.3.3 台座制作
      2.2.3.4 钢筋骨架绑扎
      2.2.3.5 波纹管安装
      2.2.3.6 钢模板安装
      2.2.3.7 混凝土浇筑及养护
      2.2.3.8 钢绞线穿束及张拉
      2.2.3.9 预应力孔道压浆及封锚
      2.2.3.10 移梁存放
      2.2.3.11 后张法预应力箱梁施工注意事项
      2.2.3.12 预制箱梁架设及体系转换
      2.2.3.13 架桥机架梁
      2.2.3.14 架梁注意事项
      2.2.3.15 先简支后连续预制梁体系转换
      2.2.3.16 桥面系施工
      2.2.3.17 锥体及防护施工
      2.2.3.18 桥梁接缝和伸缩装置
  2.3 施工流程图
  2.4 主要施工设备配备情况
  2.5 各阶段工艺控制要点分析
    2.5.1 水中超长钻孔桩控制要点
    2.5.2 深水基础施工控制要点
    2.5.3 悬臂挂篮施工控制要点

第六章 施工设计
1 临时工程

  1.1 便道
  1.2 便桥、平台
    1.2.1 工程简介及地质状况
    1.2.2 便桥、钻机平台设计及强度验算
    1.2.3 施工方案
    1.2.4 便桥平面布置图(见附件)
    1.2.5 钻机平台平面布置图(见附件)
    1.2.6 质量、安全保证体系
2 施工所需临时设施
  2.1 拌和站
    2.1.1 编制依据
    2.1.2 进场机械设备
    2.1.3 拌和站平面布置
    2.1.4 人员组织、分工及职责
    2.1.5 拌和站的主控项目
    2.1.6 拌和站生产管理制度
    2.1.7 拌和站整体设备维护保养制度
    2.1.8 拌和站安全生产制度
    2.1.9 拌和站生产质量管理制度
    2.1.10 环境保护制度
    2.1.11 文明施工制度
  2.2 预制场
    2.2.1 工程概述
    2.2.2 施工准备
    2.2.3 预制场设计
3 自备设备、施工支架、施工模板等临时结构物施工设施
4 施工工艺过程设计
5 配合比、外加剂等试验设计

第七章 专项施工技术方案

水中超长钻孔灌注桩施工专项施工方案
1 工程概述
  1.1 工程概况
  1.2 主要工程数量
  1.3 工程地质条件
2 工程特点
3 施工部署
  3.1 项目组织机构

3.2 施工队伍安排
3.3 施工资源配置
4 施工方案、施工方法
4.1 便桥施工
    4.1.1 测量定位
    4.1.2 钢管桩施工
    4.1.3 下横梁 2I36 安装
    4.1.4 贝雷梁及横、纵向分配梁拼装
    4.1.5 桥面板铺装及附属结构施工
    4.1.6 桥台施工
    4.1.7 各分项工序施工顺序
4.2 平台施工
4.3 桩基施工
    4.3.1 护筒设置
    4.3.2 护筒制作、存放与运输
    4.3.3 护筒下沉
    4.3.4 泥浆选定
    4.3.5 泥浆制备与循环
    4.3.6 钻渣处理与余浆回收
    4.3.7 钻机就位
    4.3.8 开钻前准备
    4.3.9 钻进成孔
    4.3.10 钢筋笼制作安装
        4.3.10.1 钢筋笼制作、存放与运输
        4.3.10.2 钢筋笼吊装
        4.3.10.3 钢筋笼接长
        4.3.10.4 钢筋笼抗浮措施
        4.3.10.5 下放钢筋笼时应注意的问题
    4.3.11 混凝土灌注
        4.3.11.1 灌注前检查
        4.3.11.2 首批混凝土灌注
        4.3.11.3 连续混凝土灌注
        4.3.11.4 混凝土灌注注意事项
5 质量保证措施
5.1 建立质量保证体系
5.2 质量控制措施
    5.2.1 钻孔平台及护筒控制

        5.2.2 钻孔控制
        5.2.3 原材料控制
        5.2.4 混凝土拌制
        5.2.5 混凝土运输
    6 安全生产保护措施
        6.1 安全保证体系
        6.2 水上作业安全措施
    7 文明施工及环境保护措施
        7.1 文明施工保护措施
        7.2 环境保护措施
            7.2.1 实施封闭、半封闭管理,减少对周边环境的影响
            7.2.2 废水、废气、废渣、噪声的控制
            7.2.3 现场环境管理措施

深水基础施工方案
    1 工程概况
        1.1 桥型和结构
        1.2 水文资料
        1.3 气象资料
        1.4 通航资料
        1.5 工程地质(地质柱状图见附图)
    2 设计依据
    3 大临设施
        3.1 栈桥
        3.2 施工用电
        3.3 航道维护
    4 双壁钢围堰施工方法
        4.1 双壁钢围堰构造(计算书见附件)
        4.2 双壁钢围堰施工方案
    5 承台施工
        5.1 钢护筒割除
        5.2 破桩头
        5.3 钢筋与冷却管
        5.4 模板工程
        5.5 混凝土工程

第八章 分项工程作业指导书
    1 水中超长钻孔桩作业指导书
    2 深水基础施工作业指导书

3　悬臂挂篮施工作业指导书

第九章　质量控制与通病防治

1　标段质量目标与各项细化指标、质量保护措施
 1.1　质量管理目标
 1.2　质量保护措施
  1.2.1　桩基工程
   1.2.1.1　成桩垂直度控制
   1.2.1.2　钻孔平台及护筒控制
   1.2.1.3　钻孔控制
   1.2.1.4　原材料控制
   1.2.1.5　混凝土拌制
   1.2.1.6　混凝土运输
   1.2.1.7　灌注故障及控制措施
  1.2.2　桥梁工程
   1.2.2.1　施工测量控制
   1.2.2.2　钢筋混凝土保护层质量控制
   1.2.2.3　混凝土外观质量通病防治
   1.2.2.4　预应力混凝土施工控制措施
   1.2.2.5　大体积混凝土质量控制措施

2　质量通病研究、防治、对策
 2.1　防治目标
 2.2　质量通病防治实施主要管理措施
  2.2.1　加强领导,明确职责
  2.2.2　强化体系,执行到位
  2.2.3　科学组织,精细管理
  2.2.4　精益求精,重在落实
 2.3　质量通病防治的主要控制措施
  2.3.1　混凝土裂缝控制
  2.3.2　混凝土外观质量通病防治
  2.3.3　混凝土保护层厚度控制措施
  2.3.4　预应力混凝土施工控制措施
 2.4　标段主要项目工程的质量通病和防治措施
  2.4.1　钻孔灌注桩质量通病及防治措施
  2.4.2　预制梁质量通病防治
  2.4.3　现浇箱梁质量通病防治措施
 2.5　实施步骤
  2.5.1　动员部署

  2.5.2 组织实施
  2.5.3 总结经验
 2.6 预应力混凝土施工控制措施
  2.6.1 严把预应力材料进场关
  2.6.2 预应力孔道的设置和混凝土浇筑
  2.6.3 预应力张拉
  2.6.4 孔道压浆
  2.6.5 大体积混凝土质量控制措施
 2.7 冬期、雨期、热期及夜间施工措施
  2.7.1 冬期施工措施
  2.7.2 雨期施工措施

第十章 安全专编

1 工程概况
 1.1 工程介绍
 1.2 自然条件
2 编制依据
3 文明施工目标
4 安全保障体系
 4.1 成立领导小组
 4.2 安全生产管理制度
 4.3 安全生产责任制
 4.4 安全生产策划
 4.5 安全活动
5 安全隐患排查治理
 5.1 安全行为方面
 5.2 现场实体方面
 5.3 整治措施
 5.4 工作要求
6 本项目重大危险源分析
 6.1 施工现场危险源控制
 6.2 现场安全防护
7 安全经费落实与使用
8 水上施工作业安全方案
 8.1 施工期间安全保障措施
 8.2 机械设备安全
 8.3 安全用电措施
 8.4 防火安全措施

8.5 高空作业安全措施
8.6 现场安全管理措施

9 安全保证措施
9.1 桥梁施工安全保证措施
9.1.1 钻孔桩安全
9.1.2 桥梁下部结构安全措施
9.1.3 预应力张拉安全措施
9.1.4 预应力箱梁吊装架设安全措施
9.1.5 满布式、梁式支架安全措施
9.2 交通安全保证措施
9.3 施工机械作业安全保证措施
9.4 施工用电作业
9.5 消防安全措施
9.6 大雨、雷暴、台风天气施工的安全措施
9.7 水上作业安全措施
9.8 工地保安措施

10 安全事故应急救援预案
10.1 危险源分析
10.2 预警行动
10.3 事故报告
10.3.1 报告原则
10.3.2 报告程序
10.3.3 报告内容
10.3.4 报告方式
10.4 应急情况联系电话
10.5 保障措施
10.5.1 经费保障
10.5.2 应急队伍保障
10.5.3 现场应急情况专用设备
10.5.4 人员进退场路线
10.5.5 交通运输保障
10.5.6 治安保障
10.5.7 技术保障
10.6 培训与演练
10.6.1 培训
10.6.2 演练
10.7 应急情况下各部门职责

10.8 水上施工作业安全生产应急预案
　10.8.1 水上施工作业安全事故防范措施
　10.8.2 船舶碰撞导致船舶沉没的应急方案
　10.8.3 人员落水应急方案
　10.8.4 机械伤害事故现场处理
　10.8.5 高温中暑应急预案
　10.8.6 汛期水上施工安全预案
　10.8.7 恶劣天气水上施工安全预案

第十一章　文明施工与环境保护措施

1 文明施工
　1.1 文明施工组织机构
　1.2 文明施工管理方案
　1.3 文明施工实施措施
　1.4 文明施工管理措施
　1.5 文明施工减少扰民措施
2 环境保护
　2.1 环境保护目标
　2.2 环境保护保证体系
　　2.2.1 组织措施
　　2.2.2 实施封闭、半封闭管理，减少对周边环境的影响
　　2.2.3 废水、废气、废渣、噪声的控制
　　2.2.4 加强运输车辆的管理
　　2.2.5 加强监测量测，确保环境安全
　2.3 污染源及防治措施

附录 B 桥梁工程试验检测项目

桥梁工程试验检测项目　　　　　　　　　　　　　　　　　　　　表 B-1

	检测产品/类别	检测项目
工地试验室应具备的试验检测项目	粗集料	颗粒级配、吸水率、含水率、针片状颗粒含量、压碎值、坚固性、软弱颗粒含量、含泥量、泥块含量、堆积密度、表观密度、表干密度、毛体积密度
	细集料	颗粒级配、堆积密度、表观密度、含泥量、泥块含量、砂当量、有机物含量、云母含量、吸水率、含水率、坚固性
	水泥	比表面积或细度、标准稠度用水量、安定性、凝结时间、胶砂强度、密度
	粉煤灰	细度、烧失量、含水率、需水量比
	钢材(含焊接件、机械连接件)	拉伸试验、弯曲试验
	混凝土	配合比设计、稠度、抗压强度、凝结时间、抗渗性能、含气量、抗压弹性模量、表观密度、泌水率、劈裂抗拉强度
	砂浆	配合比设计、稠度、立方体抗压强度、分层度、保水性
	孔道压浆用水泥浆	配合比设计、稠度、泌水率、膨胀率、抗压强度
	泥浆	相对密度、黏度、含砂率、胶体率
	混凝土结构物	回弹法测强、混凝土碳化深度、钢筋位置及保护层厚度
可以外委的试验检测项目	粗(细)集料	碱活性试验
	水泥	碱含量、化学分析指标、水化热
	粉煤灰	三氧化硫含量
	混凝土结构物	超声回弹综合法测强
	水	pH 值、Cl^- 含量、SO_4^{2-} 含量、碱含量
	钢绞线	拉伸、弹模、松弛性能试验
	波纹管	径向刚度、抗渗漏性能、环刚度、局部横向荷载、柔韧性、抗冲击性
	锚具、夹具、连接器	硬度试验、静载锚固试验
	支座	极限抗压强度、抗压弹性模量、抗剪弹性模量、摩擦系数、竖向压缩变形、盆环径向变形
	伸缩缝	外观尺寸、外观质量、组装质量、防水性能
	外加剂	减水率、泌水率比、凝结时间之差、含气量、抗压强度比、钢筋锈蚀及匀质性指标检测
	桩身完整性	声波透射法、低应变法、钻芯法
	其他特殊材料	

参 考 文 献

[1] 中华人民共和国交通行业推荐性标准.JTG/T F50—2011 公路桥涵施工技术规范[S].北京:人民交通出版社,2011.

[2] 中华人民共和国交通行业标准.JTG F80/1—2004 公路工程质量检验评定标准(土建工程)[S].北京:人民交通出版社,2004.

[3] 中华人民共和国交通运输部.公路工程标准施工招标文件(2009年版)[M].北京:人民交通出版社,2009.

[4] 中交第一公路工程局有限公司.公路工程施工工艺标准(桥涵)[M].北京:人民交通出版社,2007.

[5] 江苏省交通运输厅工程质量监督局,江苏省交通科学研究院有限公司.公路桥梁预应力混凝土施工指南[M].北京:人民交通出版社,2011.

[6] 交通运输部工程质量监督局.高速公路工程质量风险预控手册(混凝土桥涵分册)[M].北京:人民交通出版社,2011.

[7] 中铁二局股份有限公司.中铁二局股份有限公司企业标准 土木工程施工工艺(桥梁工程)[M].北京:中国铁道出版社,2009.

[8] 江苏省交通运输厅.全省交通建设工程质量现场会(会议材料).2010.

[9] 江苏、福建等17个省、区、市.高速公路施工标准化指南.